FUNDAMENTOS E TÉCNICAS DA ANIMAÇÃO 2D

 Os livros dedicados à área de Design têm projetos que reproduzem o visual de movimentos históricos. Neste módulo, as aberturas de partes e capítulos fazem referência aos letreiros do cinema mudo e às aberturas e aos encerramentos dos desenhos animados que lotaram as salas de exibição na primeira metade do século XX.

FUNDAMENTOS E TÉCNICAS DA ANIMAÇÃO 2D

Mariana Ferreira de Freitas

Rua Clara Vendramin, 58 . Mossunguê . CEP 81200-170 . Curitiba . PR . Brasil
Fone: (41) 2106-4170 . www.intersaberes.com . editora@intersaberes.com

Conselho editorial
Dr. Alexandre Coutinho Pagliarini
Dr³. Elena Godoy
M³. Maria Lúcia Prado Sabatella
Dr. Neri dos Santos

Editora-chefe
Lindsay Azambuja

Gerente editorial
Ariadne Nunes Wenger

Assistente editorial
Daniela Viroli Pereira Pinto

Edição de texto
Camila Rosa
Palavra do Editor

Capa
Charles L. da Silva (*design*)
Krasovski Dmitri/Shutterstock
(imagem)

Projeto gráfico
Bruno Palma e Silva

Diagramação
Kátia Priscila Irokawa

***Designer* responsável**
Charles L. da Silva

Iconografia
Sandra Lopis da Silveira
Regina Claudia Cruz Prestes

Dados Internacionais de Catalogação na Publicação (CIP)
(Câmara Brasileira do Livro, SP, Brasil)

Freitas, Mariana Ferreira de
    Fundamentos e técnicas da animação 2D / Mariana Ferreira de Freitas. --
Curitiba : Editora Intersaberes, 2023.

    Bibliografia.
    ISBN 978-65-5517-087-0

    1. Animação por computador 2. Computação gráfica 3. Computação gráfica –
Programa de computador I. Título.

22-122122   CDD-006.696

Índices para catálogo sistemático:

1. Animação por computador : Computação gráfica   006.696
        Cibele Maria Dias - Bibliotecária - CRB-8/9427

1ª edição, 2023.
Foi feito o depósito legal.
Informamos que é de inteira responsabilidade da autora a emissão de conceitos.
Nenhuma parte desta publicação poderá ser reproduzida por qualquer meio ou
forma sem a prévia autorização da Editora InterSaberes.
A violação dos direitos autorais é crime estabelecido na Lei n. 9.610/1998 e
punido pelo art. 184 do Código Penal.

SUMÁRIO

Apresentação 8

1 **Introdução à animação** 14
1.1 História da animação 17
1.2 Processo de industrialização da animação 19
1.3 A Era de Ouro da Animação Americana 25
1.4 Os Doze Princípios da Animação 35
1.5 *Motion graphic design* 43
1.6 Processo criativo 44

2 **Processo de produção** 52
2.1 Pré-produção da animação 56
2.2 Produção da animação 67
2.3 Pós-produção da animação 86

3 **Conceituação e desenvolvimento da ideia inicial** 92
3.1 O ato de desenhar 94
3.2 A criação do roteiro 96
3.3 O desenvolvimento do *storyboard* 97
3.4 Desenho e narrativa 99
3.5 Desenho e adaptação 104

3.6 Desenho do personagem 106
3.7 Amadurecimento da observação para a representação gráfica 108
3.8 O desenho em prática 113

4 **A personalidade expressa na cor e no movimento do corpo** 128

4.1 Cor 129
4.2 Cor associativa e cor transitória 141
4.3 A personalidade no movimento 145

5 **A complexidade no movimento** 178

5.1 Pulos 179
5.2 Flexibilidade 181
5.3 Peso 193
5.4 Sincronia de ações 203
5.5 Antecipação 205
5.6 Atuação e expressão 210
5.7 Ação animal 215
5.8 Diálogos e sincronização 220

6 **A Animação para além do personagem** 226

6.1 Cenário 227
6.2 Perspectiva 231
6.3 Movimentos de câmera 240
6.4 Enquadramento e tipos de plano 243
6.5 Captação de imagem na atualidade 250
6.6 Composição digital 251
6.7 Efeitos visuais e especiais 252
6.8 Edição 255
6.9 *Softwares* de animação 2D 257
6.10 Análise crítica do projeto 263

Considerações finais 266
Referências 270
Sobre a autora 278

APRESENTAÇÃO

A animação é conhecida por ser um meio de expressão gráfica popular. À medida que novos mecanismos tecnológicos foram surgindo nas últimas décadas, sua aplicação em interfaces digitais ganhou destaque. Assim, a animação passou a ser um recurso comunicativo que transcende suas funções tradicionais no design, nas artes, no cinema, nos jogos e na publicidade. Agora, a animação é uma linguagem amplamente utilizada em aplicações para computadores, totens de atendimento e dispositivos móveis, gerando benefícios comunicacionais na rotina das pessoas.

Neste livro, versaremos sobre a animação 2D sob a ótica projetual. Dessa forma, iremos muito além de um panorama histórico e de técnicas de desenho. Apresentaremos uma visão geral do processo industrial de produção de animações, considerando as diversas etapas que o integram, desde a ideia inicial até sua finalização.

O conjunto de conhecimentos sobre nosso objeto de estudo, a animação 2D, é composto por elementos de base histórica, teórica e empírica, que auxiliam no entendimento dos processos de produção. O objetivo é proporcionar uma visão ampla sobre o assunto que permita a fácil compreensão dos aspectos que lhe são pertinentes. Entendemos que assim o beneficiário desse conhecimento poderá criar as próprias técnicas e fluxos de trabalho baseados nos fundamentos aqui examinados.

No primeiro capítulo, apresentaremos um panorama histórico, artístico e industrial da animação 2D. Abordaremos seu princípio com a criação das lanternas mágicas por volta do século XVII, que são consideradas os primeiros projetores, passaremos pela Era de Ouro da Animação Americana, quando grandes estúdios estabeleceram padrões industriais, e chegaremos até a produção realizada por meio de ferramentas tecnológicas nos dias atuais. Além disso, analisaremos os Doze Princípios da Animação, desenvolvidos pelos Estúdios Disney.

No segundo capítulo, enfocaremos os processos produtivos de animação 2D. Você conhecerá mais a fundo os processos de pré-produção, produção e pós-produção de animação 2D. Assim, será possível desenvolver uma ampla visão a respeito de todas as etapas necessárias para produções de grande porte, o que facilita o entendimento geral do assunto. A apresentação do fluxo de produção introduzirá vários conceitos importantes que dão base para o ato projetual em animação.

No terceiro capítulo, discutiremos a conceituação e o desenvolvimento da ideia inicial. Abordaremos o ato de desenhar, a criação do roteiro e do *storyboard*, considerando que todos esses processos iniciais contribuem para o estabelecimento de uma base sólida para o projeto. Traçaremos um paralelo entre o desenho e a transmissão da essência da narrativa, tendo em vista o processo de amadurecimento da observação para a representação gráfica.

No quarto capítulo, aprofundaremos o olhar sobre a expressão da personalidade da obra por meio da cor e do movimento corporal. Refletiremos a respeito da aplicação da cor como recurso de apoio à narrativa. Depois, examinaremos modelos de construção de ciclos de caminhada e corrida, que variam conforme as emoções e intenções dos personagens.

No quinto capítulo, descreveremos alguns modelos práticos para a criação de movimentos corporais mais complexos, como pulos e expressões faciais. Além disso, apresentaremos técnicas de flexibilidade e peso que tornam o movimento animado mais convincente e natural. Depois, trataremos das práticas de sincronização sonora, considerando diálogos, danças e ações enfáticas.

Por fim, no sexto capítulo, voltaremos nossa atenção às técnicas de construção de cenários, tendo em vista a criação de perspectivas. Enfocaremos os tipos de movimento de câmera, bem como os diferentes planos de enquadramento para filmagem e disposição do ângulo de visão da animação. Além disso, versaremos sobre alguns conceitos relacionados a efeitos visuais, edição final e uso de *softwares* de computador. Com o intuito de propor a reflexão crítica sobre o seu próprio trabalho, sugerimos alguns questionamentos para que você sempre possa aprender com o seu percurso de desenvolvimento.

Esperamos que este conteúdo seja apenas o início de uma longa jornada de aprendizado, que desperte sua curiosidade para estudos mais profundos e abra portas para a prática livre.

Bons estudos!

CAPÍTULO 1

INTRODUÇÃO À ANIMAÇÃO

O termo *animação*, utilizado para descrever imagens em movimento a partir do século XX, bem como outros derivados, tem origem no latim *animare*, verbo que significa "dar vida a algo". Segundo Lucena Jr. (2002, p. 28), "o movimento possui atração visual mais intensa". Como uma necessidade de sobrevivência por meio do processo evolutivo, os olhos se desenvolveram de forma a rapidamente captar qualquer ação.

A animação é um meio de expressão gráfica popular, empregado para uma variedade de fins. Em virtude do grande avanço tecnológico que ocorreu nas últimas décadas, sua aplicação em interfaces digitais vem se destacando na mediação da interação humano-computador. Ou seja, essa linguagem gráfica vem transcendendo suas funções tradicionais no design, nas artes, no cinema, nos jogos e na publicidade para trazer seus benefícios comunicacionais para a rotina das pessoas, por meio de aplicações para computadores, totens de atendimento, dispositivos móveis e outros elementos.

A definição de *animação* é muito ampla, já que pode ser expressa de forma específica para cada contexto. Para o setor do entretenimento, como as criações ficcionais para o cinema, a animação é considerada um meio de expressão exercido por intermédio do movimento (Pikkov 2010).

Dias (2010, p. 6) define a animação como a "arte do movimento expresso com imagens que foram retiradas diretamente da realidade". O quadro ou *frame* consiste em uma imagem estática, sendo caracterizado como a unidade mínima da animação. Uma animação é composta de um conjunto de quadros que, apresentados em uma rápida sequência, propiciam a sensação de movimento.

No design, a animação é entendida como um elemento comunicacional, parte de determinados tipos de artefato, e integra o *motion graphic design*, campo de estudo fortemente relacionado à criação de aberturas de filmes e animações para jogos. Já a animação como técnica é um campo profissional específico, ligado às aplicações citadas anteriormente e comprometido com a expansão da aplicação em novos meios e em novas tecnologias.

Williams (2002) conceitua a animação com base em suas características técnicas. Valiaho (2017), por sua vez, ressalta que não se trata apenas de transmitir vida a imagens, mas também de moldar a vida de quem as vê. Apesar do desenvolvimento crescente do campo, muitos autores não se prendem a tentar definir a animação, ainda que definam suas diferentes categorias, como a animação 2D e a animação 3D (Suppa, 2007).

De acordo com Bendazzi (2016), o animador Norman McLaren entende a animação não como a arte do desenho que se move, e sim como a arte do movimento que é desenhado. Já Pikkov (2010) considera que a animação é um reflexo profundo da expressão do movimento. Assim como o cinema, o *live action* captura o movimento real e suas transformações físicas por meio de tecnologias de filmagem que dividem imagens (*frames*) estáticas justapostas em uma projeção. Por seu turno, a animação não tem um movimento inicial, depende da criação dos animadores, que desenham e alinham as imagens de maneira a gerar uma ilusão de movimento na percepção dos espectadores.

Vamos adentrar, agora, a história da animação para compreender como tudo isso teve início!

1.1 História da animação

A animação como a conhecemos hoje tem origem histórica nas lanternas mágicas e nos brinquedos óticos, que serviam de entretenimento para as pessoas. As **lanternas mágicas** são consideradas os primeiros projetores. Surgiram por volta do século XVII, de autoria incerta, pois foram difundidas por meio de várias personalidades de diferentes nacionalidades, como Athanasius Kircher, Christiaan Huygens, Robert Hooke, Johannes Zahn, Samuel Rhanaeus, Petrus von Musschenbroek e Edme Gilles-Guyot (Machado, 2005).

Entende-se que as principais invenções que contribuíram para o desenvolvimento inicial das técnicas de animação, além da lanterna mágica de Athanasius Kircher, criada no século XVII, foram o taumatroscópio, o fenaquistoscópio, o estroboscópio, o zootroscópio, o *kineograph* ou *flipbook* e o praxinoscópio. Todos eles foram criados ao longo do século XIX e utilizavam imagens sequenciais visualizadas em sucessão. O *flipbook* era uma exceção, já que as imagens eram colocadas em um disco ou tambor que era rotacionado, promovendo assim o movimento (Aiub, 2017).

Foi valendo-se das primeiras experiências com a técnica da projeção que surgiu a arte do cinema e da animação. Os primeiros desenhos em movimento foram projetados por meio das lanternas mágicas. Apesar de rudimentar, esse dispositivo era um grande avanço para a época. Portanto, é possível compreender a forte relação entre a animação e a tecnologia, pois foi um fator que alavancou o desenvolvimento de diversas técnicas (Lucena Jr., 2001).

Os **brinquedos óticos** possibilitavam a percepção do movimento por meio de imagens desenhadas em sequência. As animações criadas para os brinquedos óticos consistiam em personagens que desempenhavam ações simples e curtas, como correr ou caminhar, além de apresentarem trejeitos.

Por volta de 1878, o fotógrafo americano Eadweard Muybridge realizou um experimento fotográfico por meio de uma sequência de fotografias. O objetivo era confirmar que, durante o galope de um cavalo, suas quatro patas ficariam suspensas simultaneamente. Essa experiência de Muybridge veio a se tornar referência para os animadores (Aiub, 2017).

O primeiro desenho animado da história foi o *Humorous mile of Funny Faces*, do ilustrador James Stuart Blackton, produzido em 1906. Blackton realizou um projeto no qual fotografou mais de 3 mil desenhos. O processo de criação de Blackton consistiu em fazer desenhos em um quadro-negro, fotografá-los, ligeiramente apagá-los, modificá-los e posteriormente fotografá-los em nova variação. O processo empregado era bastante similar ao que conhecemos hoje como **quadro a quadro** (*frame-to-frame*). Além disso, Blackton agilizou o processo utilizando recortes de papelão para animar os membros de um dos personagens (Aiub, 2017).

Nesse período, a explicação sobre como era possível ver o movimento por meio dessa sequência estava na "persistência da visão", abrindo espaço para um campo de investigação que fomentou a criação de diversos dispositivos mecânicos para a criação de animações mais longas, o que contribuiu para a origem dos primeiros projetores e das sequências animadas (Cruz, 2017).

Em 1908, o desenho animado *Fantasmagorie*, de Émile Cohl, foi o primeiro a empregar a técnica do quadro a quadro de forma consistente. Utilizando uma caixa de luz, Cohl reproduziu os desenhos, simplificando seus traços no intuito de agilizar sua execução. Tais técnicas passaram a constituir o processo de animação 2D tradicional (Aiub, 2017).

Em 1914, Winsor McCay contribuiu para a animação trazendo sofisticação gráfica, talento que vinha de seu trabalho com histórias em quadrinhos. *Gertie the Dinosaur* é considerado um marco na história da animação em virtude da utilização de vários princípios de animação e pelo fato de ter inspirado vários outros artistas a dar continuidade à técnica, o que lhe permitiu alcançar um nível industrial (Lucena Jr., 2002).

1.2 Processo de industrialização da animação

Em seu período inicial de desenvolvimento, a animação consistiu em uma técnica de expressão artística mais independente. Você sabia que a criação era realizada pelos artistas que exerciam todas as etapas, da concepção à pós-produção? E, assim, os filmes animados eram lançados esporadicamente, pois a produção não contava com um cronograma e ainda não existiam metodologias sólidas. Com isso, as produções levavam o tempo necessário para que ficassem prontas conforme a aprovação de seus autores, ou seja, a produção era um processo demorado (Aiub, 2017).

Os artistas geralmente eram desenhistas talentosos que ainda estavam aprendendo e desenvolvendo habilidades na técnica de animação. Conforme aponta Lucena Jr. (2002, p. 60-61), o desafio para esses animadores pioneiros era enorme não só porque tinham de se preocupar com todos os processos de concepção gráfica, criação de ações e movimentos convincentes, mas também porque esse trabalho não recebia a devida atenção da imprensa, logo, não tinha um público formado como o cinema de ação ao vivo. Dessa maneira, esses animadores visavam conquistar audiência e obter respeito profissional.

Os primeiros estúdios de animação surgiram um pouco antes da Primeira Guerra Mundial, que muito contribuiu para a ascensão da indústria cinematográfica norte-americana, visto que a produção europeia sofreu uma queda nesse período, o que permitiu aos Estados Unidos que conquistassem também o mercado europeu.

Os estúdios tinham organização empresarial e utilizavam novas técnicas de animação, a fim de produzir de forma mais rápida e barata. Eles foram criados por animadores autodidatas que buscavam profissionais cartunistas em jornais, a fim de lhes ensinar o básico da técnica. Lucena Jr. (2002) destaca o primor técnico e artístico das produções realizadas entre as décadas de 1910 e 1940. Grande parte desse sucesso se deveu ao fato de que muitos desses profissionais eram formados em escolas de belas-artes com base sólida em técnicas de desenho e pintura.

Lucena Jr. (2002) aponta que uma preocupação era a uniformização das representações gráficas para a produção em larga escala, que era necessária para o processo de industrialização da animação. Entendia-se que esse processo consistia em uma "anulação criativa" do artista. Porém, à medida que os artistas talentosos se destacavam e conquistavam o público, estes passavam a ocupar cargos com maior autoridade no que diz respeito à determinação das diretrizes para a obra final. Assim, esses artistas guiavam a direção das produções e conferiam unidade e coerência formal aos projetos.

John Randolph Bray foi um dos principais atores no desenvolvimento de técnicas para tornar a produção da animação mais eficiente (Lucena Jr., 2002). Bray criou uma estratégia com base em quatro pilares:

1. modificar a forma de produção vigente, que visava empregar esforços em detalhes proibitivos;
2. adotar a divisão do trabalho em detrimento da produção individual;
3. proteger legalmente tais processos por meio de registro de patente;
4. aperfeiçoar a distribuição, a publicidade e o *marketing* das produções.

Outra grande contribuição de Bray diz respeito ao processo de redesenhar os cenários em todas as folhas, o que se tornava uma grande dificuldade por tomar muito tempo de produção. Bray solucionou esse problema propondo a impressão prévia dos cenários nas folhas que receberiam os desenhos dos personagens, os quais deveriam ter seu interior pintado de banco caso cruzassem com as linhas do cenário (Lucena Jr., 2002).

Outro ator importante no desenvolvimento das técnicas de animação manual foi Bill Nolan, que começou a desenhar o cenário em folhas de papel compridas, que, quando movimentadas por trás do personagem, criam a impressão de movimento. Essa técnica é utilizada principalmente em cenas panorâmicas, sendo empregada até os dias atuais na animação digital.

Todas essas novas técnicas desenvolvidas ao longo da década de 1920 e no começo da década de 1930 permitiram o surgimento de séries de desenhos animados. Segundo Aiub (2017), o termo *desenho animado* foi citado pela primeira vez na série *The Newlyweds*, criada por Émile Cohl em 1913. Essa animação tinha como base a série de quadrinhos *The Newlyweds and Their Baby*, de George McManus.

Em 1914, a técnica de desenho sobre folhas de celuloide transparente ou acetato foi patenteada por Earl Hurd. O desenho sobre folhas de acetato permitiu explorar os cenários, os objetos e os personagens de forma independente. Assim, criavam-se camadas de folhas, cada uma concentrada na animação de um elemento.

A adoção das folhas de acetato abriu portas para que novos profissionais adentrassem o campo da animação, como os cenaristas, artistas que produziam os cenários de acordo com a proposta visual do projeto. As folhas de acetato também possibilitaram a justaposição da animação com o *live action*. Desse modo, tornou-se possível misturar cenários reais com animação, como nas produções *Uma cilada para Roger Rabbit* e *Space Jam*.

Figura 1.1 – **Still do filme *Space Jam: o jogo do século*, lançado pelos Estúdios Warner em 1996**

SPACE Jam: o jogo do século. Direção: Joe Pytka. EUA: Warner Bros., 1996. 128 min.

Além disso, a técnica do acetato permitiu o **uso de cor na animação**, imprescindível para sua popularização no cinema naquela época. O cenário era pintado apenas uma vez, enquanto os personagens eram pintados quadro a quadro separadamente (Aiub, 2017).

Em 1915, a rotoscopia levou a animação para outro patamar. A técnica foi criada por Max e Dave Fleischer, responsáveis pelas animações icônicas *Popeye* e *Betty Boop*. Na rotoscopia, imagens reais eram filmadas e projetadas sobre cada quadro por meio de um vidro, com o intuito de obter movimentos mais realistas. Essa técnica foi adaptada e é utilizada até os dias atuais.

Figura 1.2 – **Rotoscopia: aplicação realizada na produção da animação** *Betty Boop*

BETTY Boop's Bamboo Isle. Direção: Dave Fleischer, Seymour Kneitel. EUA: Fleischer Studios, 1932. 8 min.

Nos primórdios da década de 1920, ainda que já utilizado por Cohl e McCay, a ideia de animação elástica ganhou maior proporção por meio de animadores como Bill Nolan. Esse conceito sugere que o corpo do personagem se comporte igual a uma borracha, em detrimento das limitações naturais das juntas do corpo. Dessa maneira, os membros e o tronco dos personagens apresentam uma forma fluida, como se não tivessem ossos (Lucena Jr., 2002).

Com a popularização das séries animadas, o fluxo de produção passou a utilizar repetições de poses, expressões e movimentos dos personagens ao longo dos episódios, tornando-se mais rápido e eficiente. Essa prática deixava os personagens memoráveis, uma vez que suas poses se tornavam características e, muitas vezes, eram esperadas pelos espectadores.

Além disso, os estúdios começaram a trabalhar com um número limitado de cenários em cada projeto. Logo, com frequência, a criação de novos episódios animados contava apenas com alguns novos roteiros e com as etapas de montagem e filmagem, acrescentando-se poucos movimentos novos caso necessário. Portanto, entende-se que a limitação e a repetição de cenários e movimentos permitiram a produção de episódios semanais inéditos, em razão da produção em maior escala (Aiub, 2017).

1.3 A Era de Ouro da Animação Americana

A Era de Ouro da Animação Americana consiste no período entre o final da década de 1920 e meados dos anos 1960. Em 1928, os Estúdios Walt Disney lançaram o *Steamboat Willie*, primeira animação com sincronização de som, dirigida por Walt Disney e Ub Iwerks, marcando o início desse período. Essa animação foi o primeiro filme do personagem Mickey Mouse.

Nas décadas de 1930 e 1940, o ponto alto da Era de Ouro, as séries *Merrie Melodies* e *Looney Tunes* apresentaram personagens conhecidos internacionalmente até hoje, como Pica-Pau, Tom & Jerry, Pernalonga e Patolino.

Figura 1.3 – **Frame de Patolino em *Daffy Duck and the Dinosaur*, de 1939**

DAFFY Duck and the Dinosaur. Direção: Chuck Jones. EUA: Warner Bros., 1939. 8 min.

Nesse período, outros grandes estúdios consolidaram seu trabalho, como a Warner Brothers e a Metro-Goldwyn-Mayer (MGM).

Entende-se que, apesar do grande desenvolvimento da animação antes desse período, com a criação de técnicas inovadoras e uma geração de personagens marcantes, como o Gato Felix, de Otto Messmer, a noção do potencial para o cinema foi fruto da primeira década da Era de Ouro. Os Estúdios Disney compreendiam o cinema como arte e entretenimento, além de terem sensibilidade artística. Tais qualidades levaram o estúdio a desenvolver os conceitos fundamentais da animação (Lucena Jr., 2002).

O livro *The Illusion of Life* (Thomas; Johnston, 1981), escrito por dois animadores que trabalharam nos Estúdios Disney, conta que Disney não se preocupava em se expressar criativamente de forma obscura. Seu objetivo era entreter as pessoas, gerar prazer e fazê-las rir.

Para Lucena Jr. (2002), o fator que levou Disney ao sucesso foi perceber que a animação daquela época tendia ao esgotamento de estratégias, em virtude da adoção de movimentos limitados, poucos recursos gráficos e um fluxo de trabalho apressado para suprir o mercado. Disney desejava atingir a "ilusão da vida" por meio de movimentos convincentes e da ilusão de que o personagem, assim como os seres humanos, pensa, respira e tem um espírito.

Com o intuito de alcançar tal objetivo, os Estúdios Disney adotaram novas práticas e tecnologias. Entre elas estava a utilização de locais de trabalho compartilhados, de modo que todos os animadores produziam colaborativamente. No papel de diretor de animação, quando Disney avistava algo interessante sendo criado, tratava de reunir todos para observarem o trabalho e discutir o conceito a fim de aplicá-lo em outras perspectivas (Thomas; Johnston, 1981).

Além disso, Disney desenvolveu duas novas tecnologias: a régua de animação e a câmera de múltiplos planos. A **régua de animação** consiste em uma barra fina de metal com pinos com o intuito de fixar as folhas perfuradas à mesa de luz, permitindo a movimentação rápida das folhas desenhadas de animação (ato conhecido pelo termo *flipagem*). Assim, o processo de desenho era facilitado, pois as folhas não saíam do lugar facilmente, e era possível observar o movimento dos desenhos sem desalinhá-los. A régua de animação é utilizada na animação manual até os dias atuais.

A **câmera de múltiplos planos** possibilitou a criação da ilusão de movimento real nas animações. Walt Disney realizou um vídeo explicativo em 1957, no qual fala sobre a diferença entre a câmera de múltiplos planos e os processos de filmagem com câmera convencional (Disney Family 2011).

Figura 1.4 – **Conceito de câmera de múltiplos planos**

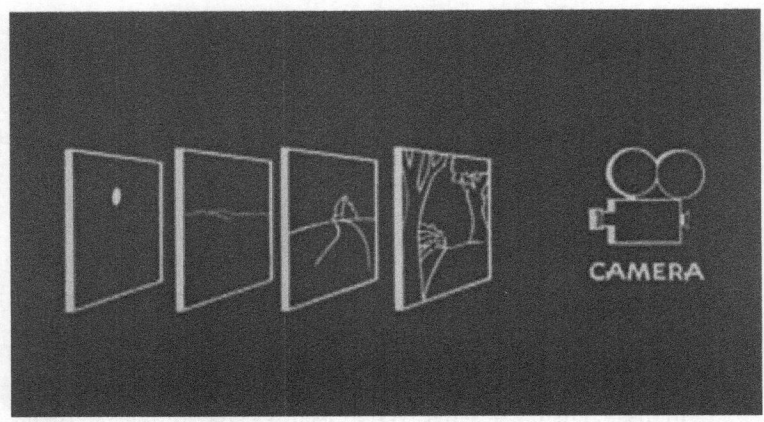

Fonte: Disney Family, 2011.

Na filmagem com câmera convencional, era necessário reduzir ou aumentar o desenho gradativamente por meio de várias folhas de acetato quando se desejava dar a impressão de maior ou menor distância dos personagens em relação ao cenário, além de se utilizarem recursos de *zoom in* e *zoom out* que não expressavam naturalidade. Já a câmera de múltiplos planos fotografa de cima um sistema formado por várias pinturas a óleo feitas em quadros de vidro, que são sobrepostos a determinadas distâncias. Esses quadros permitem maior mobilidade em sua manipulação, sendo possível movê-los para cima, para baixo e para os lados. Assim, obtem um resultado mais fluido e natural.

Em razão da complexidade de operação e do alto custo, a câmera de múltiplos planos já não era utilizada com frequência, porém o mesmo conceito é empregado até hoje para compor cenas na animação digital. Todas essas mudanças tonaram viável a produção de *Branca de Neve e os Sete Anões*, primeiro longa-metragem de animação, lançado em 1937.

Outra tecnologia projetada nessa época foi a **mesa de animação** dos Estúdios Disney, criada em 1939 por Kem Weber. A mesa era composta de uma bancada que reclinava e um disco de animação ao centro, com duas réguas de animação, cada uma em um extremo. Nas laterais, havia prateleiras para comportar as pilhas de papéis necessárias para a criação das cenas e gavetas para guardar os materiais de animação.

Figura 1.5 – **Modelo de mesa de animação, criada por Kem Weber em 1939**

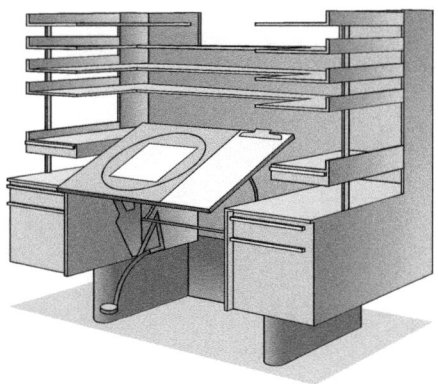

Fonte: Elaborado com base em Lambert, 2019.

Após a produção de *Branca de Neve e os Sete Anões*, outro marco dos Estúdios Disney foi a animação *Flowers and Trees*, o primeiro filme colorido por meio da tecnologia Technicolor, realizado em 1932. Essa tecnologia *Technicolor* a coloração da animação por meio da combinação de três tiras de negativo fotográfico, cada tira em uma das cores primárias (azul, vermelho e amarelo).

Disney também propôs o uso de novas práticas em seu estúdio, como o uso de *storyboard*, *pencil test* e *clean-up*. Para isso, elaborou um programa de treinamento para melhorar o nível técnico de sua equipe, o que levou ao desenvolvimento natural do que conhecemos hoje como os *Doze Princípios da Animação Clássica*.

O *storyboard* é um conjunto de rascunhos das ações principais de cada cena dispostos em quadros, que são organizados na ordem em que serão apresentados na animação, havendo também anotações para melhor compreensão visual do roteiro. O processo de *storyboard* auxilia no planejamento de ângulos de câmera e enquadramentos para um melhor planejamento do que será animado, de forma semelhante ao que se faz em uma história em quadrinhos.

Figura 1.6 – **Exemplo de *storyboard***

Mila Basenko/Shutterstock

O *storyboard* trazia ordem e estrutura às produções. Desse modo, o diretor poderia verificar o *storyboard* e editá-lo de maneira a determinar o ritmo visual antes que o processo de animação fosse iniciado. Logo, essa ferramenta foi difundida pela indústria e passou a ser utilizada inclusive para o planejamento de filmes e comerciais *live action* (Salomon, 1994, citado por Aiub, 2017).

O *pencil test*, por sua vez, consiste no processo de filmagem prévia da animação feita a lápis e sua projeção para identificar possíveis erros que teriam passado despercebidos durante a flipagem. Dessa forma, era possível corrigir ou modificar o projeto antes da filmagem oficial.

Já o *clean-up* é o processo de arte-finalização do esboço final depois de receber as correções promovidas por meio do *pencil test*. As correções eram incorporadas ao esboço inicial por meio do redesenho de cada quadro com linhas únicas e "limpas", refinando-os.

Em suma, podemos compreender que os Estúdios Disney contribuíram fortemente para o desenvolvimento da produção de animação ao longo da Era de Ouro da Animação nos Estados Unidos. Porém, outros estúdios também conquistaram espaço no mercado, principalmente em razão de suas contribuições estilísticas (Lucena Jr., 2002). Entre os estúdios de maior prestígio no mercado, destacam-se os estúdios Inkwell, dos irmãos Fleischer, Warner, Metro-Goldwyn-Mayer (MGM) e United Productions of America (UPA).

Os Estúdios Inkwell, dos irmãos Fleischer, inicialmente foram os grandes rivais dos Estúdios Disney, pois tinham tradição e conhecimento técnico por conta da invenção da rotoscopia. Os personagens criados pelos Fleischer tinham grande apelo popular.

Podemos citar a charmosa Betty Boop e o caricato marinheiro Popeye, que eram elaborados com a utilização de movimentos plásticos, bastante diferentes das produções Disney (Lucena Jr., 2002).

A fim de se equiparar ao sucesso do lançamento de *Branca de Neve e os Sete Anões*, os Estúdios Inkwell passaram a produzir animações semelhantes, o que os levou à produção do longa-metragem *Gulliver*, em 1939 (Solomon, 1994 citado por Aiub, 2017). Em 1941, os irmãos Fleischer produziram *Superman* por encomenda da DC Comics, retornando ao seu estilo de produção experimental. Como o personagem já era conhecido pelo grande público e os movimentos do super-herói permitiam a fuga da realidade, a série animada foi um sucesso.

No início da década de 1940, os Estúdios Warner contrataram artistas e animadores que já haviam trabalhado na Disney e que continuaram utilizando no novo trabalho os Doze Princípios da Animação, lá desenvolvidos. Assim, criaram as animações da série *Looney Tunes* explorando ao máximo esses princípios a fim de obter um resultado extremamente cômico (Aiub, 2017).

A Metro-Goldwyn-Mayer, conhecida pela sigla MGM, também contratou alguns animadores que antes faziam parte dos Estúdios Disney, como Bill Hanna e Joe Barbera, que foram os responsáveis pelo sucesso da série *Tom & Jerry*. Posteriormente, a dupla deixou a empresa formando um estúdio próprio chamado Hanna-Barbera. O estúdio Hanna-Barbera obteve grande êxito na produção das séries *Os Flintstones, Os Jetsons, Corrida Maluca, Scooby-Doo* e *Smurfs* (Aiub, 2017).

Já a United Productions of America (UPA), diferentemente dos concorrentes Warner e MGM, objetivava negar o padrão estilístico e os princípios de animação difundidos pelos Estúdios Disney. Logo, tornou-se conhecida por causar a maior revolução durante a Era de Ouro da Animação. A UPA apostava na estética moderna que surgia a partir do cubismo, considerando conceitos de geometria e linhas simples como nas telas de Picasso e Matisse, assim fugindo da estética naturalista de Disney (Lucena Jr., 2002).

Entre os anos 1960 e 1980, ocorreu o período conhecido como *Idade das Trevas da Animação*. Os estúdios começaram a sofrer uma série de cortes no orçamento, em razão do pouco sucesso de suas produções, o que posteriormente ocasionou o fim dos setores de animação nos estúdios Warner e MGM (Aiub, 2017). As animações passaram a ser exibidas apenas pelos canais de televisão e concentraram-se na produção para o público infantil. Além disso, passou-se a utilizar a prática de animação limitada como regra, a fim de produzir com mais rapidez e com baixo orçamento, o que resultou em uma brusca queda de qualidade.

A mudança de público-alvo levou os estúdios a enfrentar duras medidas de censura, como no caso da série *Looney Tunes*, que acabou por perder sua essência, pois alguns pais americanos achavam que as animações deveriam ter um vocabulário mais apropriado ao público infantil e condenavam a violência nos desenhos. Aiub (2017) aponta que outro fator que contribuiu para o declínio dos estúdios nesse período foi a excessiva produção de animações que visavam fazer propaganda de produtos. Por exemplo, a série *My Little Pony*, criada por Lauren Faust, surgiu simplesmente para promover a linha de brinquedos com base em miniaturas de pôneis da Hasbro.

Os Estúdios Disney sofreram com o fracasso de bilheteria do longa-metragem de *A Bela Adormecida*, o que ocasionou uma reformulação temática. O lançamento seguinte, *101 Dálmatas*, já contava com roteiro e cenário mais contemporâneo. Nesse período, em virtude do declínio da animação, Walt Disney se concentrou no planejamento dos parques temáticos.

Aiub (2017) explica que a indústria da animação só veio a se reerguer na segunda metade dos anos 1980, no início da chamada *Renascença da Animação* ou *Era de Prata da Animação* nos Estados Unidos. Muito desse processo de nova ascensão ocorreu graças ao sucesso das séries de animação produzidas especialmente para a televisão pelos Estúdios Disney. Os novos estúdios Cartoon Network e Nickelodeon passaram a ter canais de televisão próprios.

A Warner voltou a produzir animações e passou a contar com animadores que antes trabalhavam no Hanna-Barbera e em produções de Steven Spielberg, o que fez das séries *Tiny Toons Adventures* e *Animaniacs* um sucesso. No cinema, conforme Aiub (2017), esse período não teve muitos longas-metragens de sucesso, destacando-se apenas *A Pequena Sereia*, de Don Bluth, em meados de 1989, e *O Rei Leão*, da Disney, em 1994, que consolidou o estúdio no mercado americano novamente.

Atualmente, os avanços tecnológicos possibilitam que as produções sejam feitas totalmente em meio digital. Segundo Aiub (2017), John Lasseter, chefe criativo dos Estúdios Disney, realizou um comunicado à imprensa americana informando que a produção de animações tradicionais desenhadas à mão seria encerrada; logo, o longa-metragem *Winnie The Pooh*, lançado em 2011, teria sido o último produzido dessa forma.

Algumas produções ainda utilizam as técnicas tradicionais do desenho à mão, porém, ainda assim, passam por processos digitais. De acordo com Aiub (2017), uma parte das animações são desenhadas em papel e posteriormente digitalizadas, sendo pintadas por meio da técnica *Computer Assisted Cel-Animation* (CAC-A).

As produções digitais mantêm a essência da animação tradicional por meio do uso da animação em 24 quadros por segundo (24 fps), do uso de filmagem *hold2*, da ampla utilização dos Doze Princípios da Animação e da divisão dos desenhos em camadas para gerar movimentos mais realistas na aproximação e no distanciamento de enquadramento de câmera (*zoom in* e *zoom out*).

Aiub (2017) explica que há duas maneiras de se animar digitalmente. Uma delas tem como base o conceito quadro a quadro, amplamente utilizado na produção tradicional, que agora conta com programas de computador especializados para animação e dispositivos *tablets* para a criação dos desenhos. O *cut-out*, por sua vez, é uma técnica na qual os personagens são desenhados em partes móveis, separadas por camadas, que permitem a animação de um quadro para o outro.

1.4 Os Doze Princípios da Animação

Os Doze Princípios da Animação possibilitam que os movimentos e as ações alcancem um alto grau de realismo. Alguns desses princípios já eram utilizados desde *Gertie the Dinosaur*, de McCay, e tiveram suas aplicações sistematizadas, enquanto outros foram elaborados durante os treinamentos de aperfeiçoamento da equipe dos Estúdios Disney na década de 1930.

Segundo Thomas e Johnston (1981 citados por Aiub, 2017), a popularização desses princípios ocorreu de forma orgânica. Os animadores dos Estúdios Disney buscavam constantemente melhorar os processos de produção e, à medida que novos profissionais ingressavam na equipe, os princípios lhes eram ensinados como uma prática padrão a ser adotada. Dessa maneira, cada vez mais profissionais conheciam os princípios, levando esse conhecimento para além dos Estúdios Disney, para outras produções em outros estúdios.

Os Doze Princípios elaborados pelos Estúdios Disney ainda auxiliam no processo de criação e são identificados na grande maioria das animações. A tecnologia tem possibilitado sua adaptação para processos mais atuais, tornando-os mais dinâmicos e reduzindo o tempo de execução de algumas tarefas, de modo que os animadores tenham mais tempo para trabalhar no detalhamento visual.

O conjunto dos Doze Princípios da Animação é formado pelas seguintes práticas de produção: amassar e esticar ou *squash and stretch*; antecipação ou *anticipation*; atuação ou *staging*; ação contínua e ação quadro a quadro ou *straight ahead action and pose to pose*; continuidade e ação sobreposta ou *follow through and overlapping action*; aceleração e desaceleração ou *slow in and slow out*; arcos ou *arcs*; ação secundária ou *secondary action*; temporização ou *timing*; exagero ou *exaggeration*; desenho sólido ou *solid drawing;* e apelo ou *appeal* (Thomas; Johnston, 1981; Neto; Melo, 2005; Dias, 2010; Aiub, 2017).

Na sequência, vamos analisar cada um desses princípios.

1º princípio – Amassar e esticar ou *squash and stretch*

A prática de *squash and stretch* está relacionada com as deformações que ocorrem durante o movimento de um elemento, seja um personagem, seja um objeto de cena. Neto e Melo (2005) explicam que essas deformações são um recurso que acentua o movimento e garante o realismo ao personagem, pois faz alusão ao movimento natural dos músculos humanos, que se deformam para executar uma ação.

Aiub (2017) cita também o exemplo da deformação causada em uma bolinha quando esta bate contra uma superfície. Nessa situação, observa-se um leve achatamento de sua base por causa do impacto sofrido. Para que esse movimento se torne mais natural em uma animação, apresentar a bolinha levemente esticada um pouco antes e um pouco depois do impacto deixa a ação suave e mais evidente para a visão humana. Assim, possibilita o realce da inércia, do peso e da velocidade.

2º princípio – Antecipação ou *anticipation*

As ações na animação acontecem conforme determinada ordem de etapas: primeiro, organiza-se o movimento; depois, é realizada a ação e, em seguida, o seguimento da ação. Essa primeira etapa de organizar o movimento é conhecida como *antecipação*.

O princípio de *anticipation* consiste em adicionar uma ação menor antes de uma ação principal para evidenciar o acontecimento da cena e garantir maior noção de continuidade entre as ações. Essa ação menor pode ser uma mudança de expressão facial ou um movimento como um levantar de braços ou pernas. O intuito é justamente chamar a atenção do espectador e prepará-lo para a compreensão da ação (Neto; Melo, 2005; Dias, 2010).

3º princípio – Atuação ou *staging*
O princípio de *staging* está associado à atuação teatral dos personagens. Toda e qualquer ação realizada pelo personagem deve ser clara o suficiente para que seja compreendida pelos espectadores. Recursos de enquadramento, luz, sombra e foco são utilizados para enfatizar as ações e estruturar as cenas. Dessa forma, as expressões e o humor dos personagens são facilmente compreendidos, bem como a continuidade da linha narrativa (Neto; Melo, 2005).

4º princípio – Ação contínua e ação quadro a quadro ou *straight ahead action and pose to pose*
Esses dois conceitos estão relacionados a formas de se animar uma cena. Na técnica *straight ahead action*, o animador desenha o primeiro quadro e continua a sequência de quadros até o final da cena sem grande planejamento, o que garante espontaneidade, porém pode acarretar perda de proporção (Dias, 2010). A animação é realizada justamente na ordem em que será filmada, do início ao fim.

Por sua vez, a técnica *pose to pose* exige um planejamento prévio, pois é realizada com base em desenhos-chave criados para guiar o processo. Desenham-se as poses inicial e final de uma cena para depois adicionar os quadros intermediários que as ligam, chamados de *inbetween*. Desse modo, é possível obter maior controle das proporções (Aiub, 2017; Dias, 2010).

5º princípio – Continuidade e ação sobreposta ou *follow through and overlapping action*

Os conceitos de *follow through and overlapping action* consistem em manter as ações dos personagens mais naturais e fluidas, sem interrupções de movimentos quando o personagem muda de direção (Neto; Melo, 2005).

Geralmente são aplicados em conjunto. O *follow through* está relacionado à ideia de suavizar a extensão de um movimento. Já o conceito de *overlapping action* diz respeito a uma ação simultânea em um tempo diferente da ação principal. Como exemplo, podemos mencionar o caso em que os cabelos do personagem continuam a se mover até alguns segundos depois de ele parar de correr, conferindo leveza e naturalidade à cena.

6º princípio – Aceleração e desaceleração ou *slow in and slow out*

Esse é um princípio básico de dinâmica aplicada à animação no qual se atribuem aceleração e desaceleração ao movimento da animação, realçando, assim, a parte central do movimento (Neto; Melo, 2005)

Como os objetos precisam de um tempo específico para começar e concluir cada movimento, eles demandam uma construção cadenciada, de modo que o espectador possa compreender as mudanças de cenas.

Aiub (2017) explica que, para isso, os quadros *inbetweens* são espaçados de forma assimétrica. Os extremos da ação recebem mais quadros para que ocorram de maneira mais lenta e suave, e o meio é formado por menos quadros, passando a sensação de rapidez ao espectador.

7º princípio – Arcos ou *arcs*

O princípio *arcs* consiste em tornar os movimentos da animação mais orgânicos, com base nos movimentos reais dos seres vivos, que se movimentam de maneira leve e circular. Este é considerado um dos mais importantes princípios da animação.

Os movimentos percorrem uma trajetória formada por caminhos curvos guiados por arcos, que permitem obter um aspecto mais natural, já que no mundo real os movimentos são suaves e as ações acontecem segundo linhas precisas e harmoniosas. Animar personagens em trajetórias lineares faz com que os movimentos fiquem engessados e pouco naturais, longe do aspecto real almejado (Dias, 2010).

8º princípio – Ação secundária ou *secondary action*

As *secondary actions* consistem em ações que são acrescentadas à ação principal de forma a enfatizar uma ideia, sendo importantes para conferir maior complexidade à animação. Esse princípio deve ser aplicado com cautela, pois essas ações não podem sobrepor-se à ação principal, o que pode prejudicar o princípio de *staging*. Essas ações tornam a animação mais interessante, visto que aumentam a sensação de realidade e enriquecem a ação principal (Dias, 2010).

9º princípio – Temporização ou *timing*

O tempo e a velocidade são dois aspectos primordiais para uma animação. A velocidade de um movimento indica as características da matéria que compõe o objeto animado, bem como a razão pela qual ele se movimenta (Neto; Melo, 2005).

O princípio do *timing* relaciona-se com a quantidade de quadros utilizados para gerar uma ação, bem como com sua distribuição no processo de filmagem. Por exemplo, um piscar de olhos é uma ação que pode ser rápida ou lenta. Quando rápida, indica que o personagem está em condição de alerta; quando é lenta, pode indicar sonolência e cansaço. Segundo Dias (2010), a coerência temporal é o que torna uma animação autêntica.

Em geral, por padrão, as animações adotam uma taxa de vinte e quatro quadros por segundo, ou seja, vinte e quatro imagens são realizadas para gerar um segundo animado. Esse princípio é aplicado para dar a noção de que um movimento está submetido às leis da física e, ainda, para melhor definir os traços de personalidade do personagem.

Uma prática comum é a filmagem das animações utilizando o conceito de *hold2*, que consiste em fotografar duas vezes a mesma imagem, obtendo-se, assim, movimentos lentos mais suaves e movimentos rápidos mais evidentes (Aiub, 2017).

10º princípio – Exagero ou *exaggeration*

O princípio do *exaggeration* está relacionado à prática de acentuar as ações de maneira a obter como resultado uma animação realística e divertida. Geralmente esse recurso é empregado em personagens caricatos (Neto; Melo, 2005), nos quais as emoções são exageradas de forma a criar uma conexão com o espectador.

O intuito é que os espectadores se sintam tocados pelas emoções dos personagens. Conforme Thomas e Johnston (1981 citados por Aiub, 2017), Disney queria uma caricatura do realismo, de maneira que ficasse bastante evidente quando um personagem estava triste, feliz ou preocupado. Com relação aos sentimentos dos personagens, o objetivo era não ser sutil.

11º princípio – Desenho sólido ou *solid drawing*

O *solid drawing* consiste no conceito de profundidade do desenho. Os animadores dos Estúdios Disney desejavam imprimir a noção de volume nas animações 2D, pois isso torna a cena da animação mais plausível. Logo, o objetivo é criar uma figura sólida, volumétrica e tridimensional de modo a criar a percepção de peso, profundidade e equilíbrio (Dias, 2010).

12º princípio – Apelo ou *appeal*

O princípio do *appeal* está intimamente relacionado ao design da animação, valendo-se do carisma dos personagens e da criação de um design belo e de qualidade que consiga captar a atenção de forma a manter o constante interesse do espectador (Thomas; Johnston, 1981).

Dias (2010) ressalta que a essência desse conceito reside na capacidade do personagem de se relacionar emocionalmente com o espectador. Entende-se que o personagem e o respectivo contexto devem ser facilmente compreendidos pelas pessoas a ponto de gerar interesse e captar sua atenção. Assim como um ser humano, o personagem deve ser único e ter a capacidade de reagir às situações de maneira distinta, demonstrando características próprias.

1.5 Motion graphic design

Entre o final dos anos 1900 e o início dos anos 2000, as técnicas de *stop motion* e desenho animado eram as mais usadas para contar histórias de personagens, configurando-se a animação clássica como a conhecemos.

A criação do processo de gravação de imagens em películas flexíveis possibilitou o surgimento da animação e do cinema no final dos anos 1900. No cinema, esse advento permitiu a gravação de cenas, ainda que não houvesse preocupação com a narrativa, o que só foi viabilizado alguns anos depois, por meio da ampliação da metragem dos rolos de filme (Machado, 2005). Já a animação era essencialmente conectada com a existência da narrativa em razão de sua origem nas lanternas mágicas e no mundo lúdico das fábulas. Entende-se que a primeira animação exibida ao grande público foi o curta-metragem *Pauvre Pierrot*, criado por Emilé Reynaud, em 1892, por meio de seu Teatro Óptico, que experimentou formas abstratas e abriu caminho para o que hoje é chamado de *motion graphic design*.

No século XX, vários artistas modernos, como Hans Richter, Viking Eggeling e Walter Ruttmann (Krasner, 2008) experimentaram a técnica das imagens em movimento a partir de obras artísticas, que foram expressas por meio do cinema e da animação, o que permitiu o desenvolvimento de novas abordagens, como a animação por meio de formas abstratas, que deu base ao design gráfico animado, conhecido como *motion graphic design* nos dias atuais.

Quanto a essa técnica, Lessa e Freire (2016) explicam que, enquanto a animação tradicional está associada ao âmbito da narração audiovisual cinematográfica, homóloga à literatura, o *motion graphic design* está associado ao objetivo comunicacional de transmitir informações, sendo entendido como um apoio narrativo. Assim, considera-se que há duas vertentes da prática profissional da animação: a criação ficcional ou lúdica, relacionada ao cinema de animação tradicional, e a criação para diversos fins comunicacionais, relacionada ao *motion graphic design*, como aberturas de filmes, propagandas comerciais e animação de elementos de *branding* (Lessa; Freire, 2016).

Na década de 1950, o *motion graphic design* se consolidou nas aberturas de filmes desenvolvidas pelo designer Saul Bass, o que evidenciou sua distinção em relação ao cinema de animação tradicional (Krasner, 2008). Assim, o design passou a utilizar a animação de textos e formas abstratas para criar projetos que transmitam ideias e informações.

1.6 Processo criativo

Os movimentos são a forma de comunicação mais utilizada após a fala, e assim os seres humanos extraem significados e sensações uns dos outros, o que requer maior cuidado ao se transpor o movimento por meio de uma sequência de quadros (Dias, 2010).

Para Cortez (2013), a sensação de movimento é causada pelo intervalo entre um quadro e outro, de modo que, quanto maior o intervalo, mais fragmentada é a percepção de movimento. Dessa forma, utilizam-se entre doze e vinte quadros em cada segundo, compostos pelo desenho em posições minimamente diferentes entre si. Quanto mais detalhada a cena, mais quadros se fazem necessários. Por exemplo, uma cena com dois personagens e uma paisagem urbana com carros e pássaros tende a exigir um maior número de quadros para gerar a ideia de movimento de cada elemento.

De acordo com Fialho (2013), a arte da animação requer maior compreensão e percepção da relação tempo/espaço, bem como da respectiva equivalência em quadros por segundo/espaço. O conhecimento e a habilidade no trato dessa relação permitem ao animador que disponha de controle sobre a atividade e tenha objetividade e liberdade em suas criações.

A animação pode ser desenvolvida por meio de diversos processos de produção, como a criação de sequências de desenhos posteriormente fotografadas (animação tradicional), a fotografia de artefatos em várias posições pouco diferentes entre si (*stop motion*) e a produção computadorizada (*motion graphic design*), que, assim como as demais, cria o movimento em vez de captá-lo diretamente.

Uma vez definido o tipo de animação com que se deseja trabalhar, o animador precisa ter familiaridade com determinados processos de criação e de pré-visualização. Além disso, há uma série de princípios a serem considerados para que os personagens desenvolvidos exprimam personalidade.

Fialho (2013) afirma que observar o movimento natural dos seres vivos é vital para o trabalho criativo do animador, porém salienta que não se deve procurar copiar a realidade, e sim reinventar o movimento de um personagem. Dessa forma, o potencial artístico do animador pode ser amplamente explorado a fim de adaptar o que foi compreendido por meio da observação à sua atividade.

O autor explica que o animador aprendiz deve considerar três etapas em seu processo de aprendizagem sobre teoria do movimento em animação de personagens: o domínio do procedimento de pré-visualização, o domínio das mecânicas envolvidas na interpretação e adaptação das leis naturais para o movimento animado e o domínio da criação de movimentos sintéticos por meio do amadurecimento dos conhecimentos das etapas anteriores, o que o permite desenvolver de fato a personalidade na animação.

Na primeira etapa da prática, o animador deve ter domínio metodológico para organizar o trabalho de pré-visualização, do ritmo, do posicionamento e do alinhamento dos desenhos no tempo. Assim, o planejamento do ritmo da ação é imprescindível e deve ser realizadpor meio o posicionamento das duas poses principais na ação do personagem nos lugares ideais no tempo, inserindo posteriormente as demais poses e artes visuais no tempo de forma a sugerir movimento.

Diversos recursos são recomendados para auxiliar no planejamento nessa etapa, entre os quais estão grafismos de trajetória de movimento, gráficos de espaçamento, fichas de filmagens e outros, destacados por autores de manuais técnicos (Williams, 2016; Goldberg, 2008).

Em síntese, compreende-se que as etapas citadas expressam formas de organização, registro e pré-visualização, consideradas básicas para o desenvolvimento de animações. Portanto, com um número reduzidos de desenhos, é possível caracterizar a ação de um personagem, conforme mostra a Figura 1.7, proposta por Williams (2016).

Figura 1.7 – **Exemplo da prática de espaçamento**

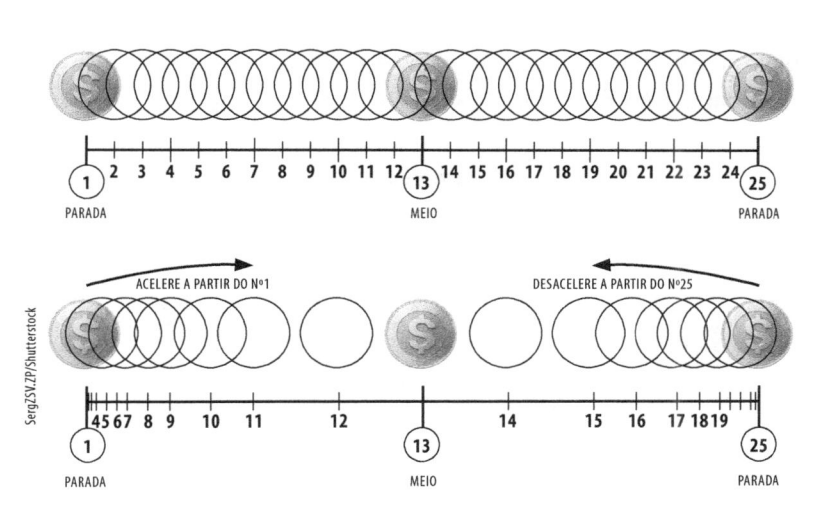

Fonte: Williams, 2016, p. 38.

A figura retrata uma simulação da trajetória do desenho de uma moeda pelo espaço da composição por meio de gráficos de espaçamento, no qual cada círculo representa um quadro do filme animado. No primeiro gráfico, há um maior número de quadros (*frames*) com espaçamento mínimo; já na segunda imagem, há um menor número de quadros com espaçamento maior.

Esse contraste na relação entre o número de quadros por segundo ao longo de um mesmo espaço gera resultados diferentes quanto à sensação de velocidade do movimento. Por meio da observação dos gráficos de espaçamento, é possível notar que, ainda que a duração em tempo seja a mesma, a sensação de velocidade se altera por conta da diferença de espaçamento (Williams, 2016).

Por sua vez, o exemplo a seguir do gráfico de espaçamento retrata três desenhos que representam quadros caracterizadores de uma caminhada de personagem e indica os quadros que cada um ocupará no filme.

Figura 1.8 – **Exemplo de gráfico de espaçamento**

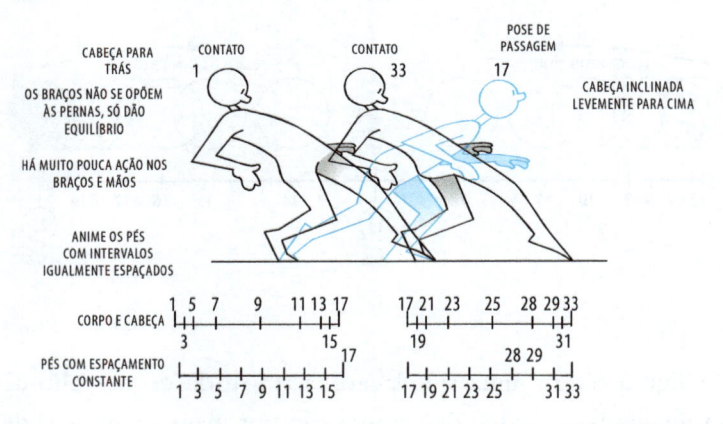

Fonte: Williams, 2016, p. 168.

O crescente avanço tecnológico permitiu o desenvolvimento de uma grande variedade de programas de computador destinados à pré-visualização e à finalização de animações, o que, por um lado, otimiza o processo de criação e, por outro, fragiliza as práticas tradicionais da metodologia de produção, como os gráficos citados.

Tatatamafilm/Shutterstock

CAPÍTULO 2

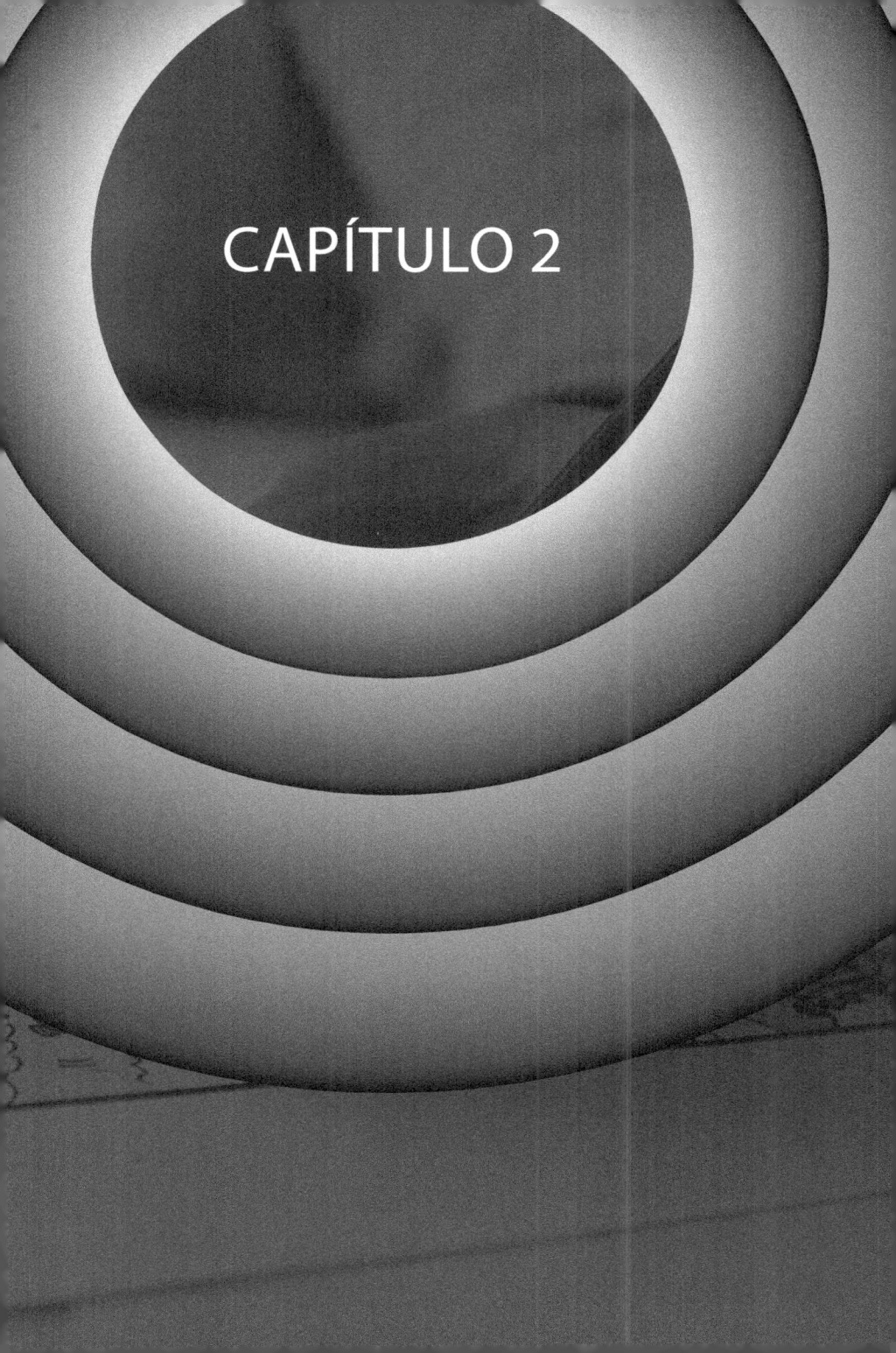

PROCESSO DE PRODUÇÃO

A falta de organização no processo de criação pode influenciar negativamente o resultado de um projeto, seja por haver atraso na produção, seja por não se alcançar a qualidade almejada, incidindo em retrabalho. Desse modo, entende-se que há a necessidade de estabelecer um método para a concepção dos personagens e o planejamento prévio da animação. Essas medidas permitem um aumento significativo de tempo e qualidade (Bugay 2004; Seegmiller, 2008; Kitagawa; Windsor, 2008).

O processo de desenvolvimento de uma animação pode variar conforme o seu destino final – cinema, televisão ou internet –, a técnica adotada – 2D ou 3D –, o orçamento disponível e aspectos culturais do país onde será produzida (Wright, 2005). Diferentes autores propõem metodologias de produção que têm suas similaridades e diferenças. Em grande parte, as diferenças consistem justamente nos fatores mencionados, o que nos dá margem para entender que nenhuma metodologia é completamente fechada. Sempre será necessário ajustar os procedimentos de acordo com o orçamento, o prazo e o tipo de produção. Cada estúdio terá também seus métodos próprios. Contudo, em suma, esse processo é geralmente formado pelas fases de:

- pré-produção;
- produção;
- pós-produção.

No intuito de melhorar a qualidade de movimento em um projeto de animação, Bugay (2004) propõe um método de trabalho dividido em três fases: pré-produção, produção e pós-produção. A pré-produção consiste na conceitualização e no delineamento prévio das ações que serão desempenhadas na animação por meio do desenvolvimento do roteiro, do planejamento e gerenciamento do projeto, da produção do *storyboard* e da definição de características visuais da cena e do personagem.

Já a produção compreende a modelagem e a animação dos personagens e dos ambientes e a posterior renderização do resultado. Por fim, a pós-produção corresponde à finalização da animação por meio da edição das cenas. A autora salienta que cada estágio pode conter mais processos quando necessário, a fim de aprimorar a execução do projeto.

A Fundação Ásia-Pacífico do Canadá (APF Canada, 2016) também define as principais fases da produção de animação em pré-produção, produção e pós-produção. Assim, a pré-produção consiste no planejamento, no roteiro, no desenho de personagens, no *storyboard* e no *layout*; a produção abrange a criação das transições de quadro principais, a criação das imagens de animação e a coloração; e a pós-produção envolve a edição do filme, a sincronia de imagem e áudio e a aplicação de efeitos especiais.

Fialho (2005) igualmente divide os procedimentos de produção da animação em pré-produção, produção e pós-produção e apresenta detalhadamente todo o processo de produção da animação em nível industrial. O autor aprofunda o olhar sobre como os grandes estúdios aplicam essas fases e destrincha a relação entre os diferentes níveis hierárquicos dentro de uma equipe.

Alguns autores, como Tschang e Goldstein (2010) e Dowlatabadi, Winter (2011), consideram que o processo de produção de animação pode ser descrito em quatro fases. No caso, os autores acrescentam uma fase de conceituação ou desenvolvimento, a qual envolve a concepção da história a ser animada.

Tschang e Goldstein (2010) apontam as fases de conceituação, pré-produção, produção e pós-produção. Dowlatabadi e Winder (2011) apresentam uma metodologia de produção bastante semelhante, formada por quatro etapas: desenvolvimento, pré-produção, produção e pós-produção. A principal diferença é que a estrutura dessa metodologia é linear. Assim, cada ação concluída no processo não sofrerá mais alteração, pois cada fase tem um objetivo que depende do resultado da fase anterior. O interessante dessa abordagem é que se evita retrabalho ao longo do projeto.

Gerbase (2012), na tentativa de criar um modelo que reflita diferentes formatos e variáveis do desenvolvimento de um conteúdo audiovisual, fragmenta ainda mais o processo e sugere as fases de criação, pré-produção, produção, pós-produção e circulação.

Como se entende que, na maioria dos casos, na indústria da animação, o animador não estará envolvido com os processos de concepção do enredo da história, a metodologia apresentada a seguir é formada pelas fases de pré-produção, produção e pós-produção e fundamenta-se na visão de Fialho (2005) acerca da produção industrial de animação para exibição em cinema e televisão.

2.1 Pré-produção da animação

A fase de pré-produção é o momento em que se unificam os procedimentos realizados, com o intuito de fundamentar uma visão ampla e sistêmica do projeto. Assim, após a aprovação da arte conceitual e do roteiro, que servirão de guias para a pré-produção, uma série de ações interligadas será determinante para a definição da direção artística empregada no projeto. Entre essas ações está a contratação de atores para dar voz aos personagens e a elaboração do *storyboard* para o desenvolvimento do *animatic*, uma espécie de animação preliminar, essencial para o processo. Dessa forma, é possível analisar se aquela sequência da história está concisa, coerente e pronta para avançar para a fase de produção (Fialho, 2005; Dowlatabadi; Winder, 2011; Gerbase, 2012).

Para Fialho (2005), a fase de pré-produção de um projeto de animação é formada por um processo organizacional sistêmico, como mostra o fluxograma da Figura 2.1. As principais etapas desse processo são a definição da direção de arte, a criação do *storyboard*, a gravação do som-guia, o desenvolvimento do *animatic* e a determinação dos diálogos definitivos.

Figura 2.1 – **Processo sistêmico de pré-produção da animação**

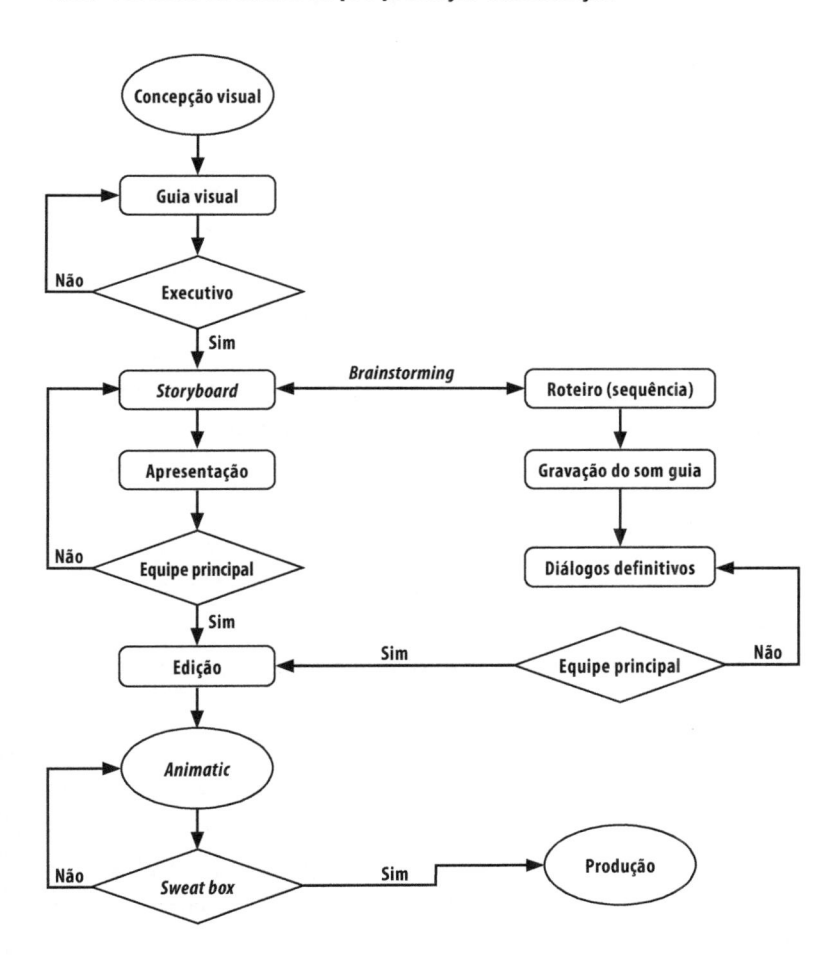

```
                    ┌─────────────────┐
                    │ Concepção visual│
                    └────────┬────────┘
                             ▼
                    ┌─────────────────┐
            ┌──────▶│   Guia visual   │
            │       └────────┬────────┘
            │                ▼
       Não  │         ◇ Executivo ◇
       ─────┘                │
                            Sim
                             ▼
            ┌─────────────┐  Brainstorming  ┌──────────────────┐
       ┌───▶│ Storyboard  │◀───────────────▶│ Roteiro (sequência)│
       │    └──────┬──────┘                 └─────────┬────────┘
       │           ▼                                  ▼
       │    ┌─────────────┐                 ┌──────────────────┐
       │    │ Apresentação│                 │ Gravação do som guia│
       │    └──────┬──────┘                 └─────────┬────────┘
       │           ▼                                  ▼
   Não │    ◇ Equipe principal ◇            ┌──────────────────┐
   ────┘           │                        │ Diálogos definitivos│◀──┐
                  Sim                       └─────────┬────────┘   │
                   ▼           Sim                    │            │
            ┌─────────┐◀──────────── ◇ Equipe principal ◇  Não ────┘
            │ Edição  │
            └────┬────┘
                 ▼
            ┌─────────┐
       ┌───▶│Animatic │
       │    └────┬────┘
       │         ▼
   Não │    ◇ Sweat box ◇ ────Sim────▶ ( Produção )
   ────┘
```

Fonte: Fialho, 2005, p. 74.

A direção de arte tem o papel de desenvolver a ideia inicial e definir um caminho para a sua aplicação no projeto. O estilo visual dos elementos da animação é estudado a fim de se criar um esboço gráfico e textual descritivo, que será incluído no roteiro final.

Fialho (2005) salienta que, para a concepção final dos elementos da animação, como o cenário, os personagens e os demais objetos, muitas vezes uma parte da equipe de artistas, com o produtor e o diretor do projeto, realiza uma imersão no ambiente físico que será retratado na história. Assim, torna-se possível explorar a visualidade valendo-se de informações precisas. Essa prática é utilizada principalmente no caso de animações em contexto histórico ou ambientadas em regiões geográficas específicas.

Após o desenvolvimento da direção de arte, o desenhista de produção define o desenho dos cenários, dos objetos e dos personagens. O diretor de arte é o encarregado de adequar esses desenhos ao formato da composição artística para cinema. Nesse processo, o diretor estabelece a iluminação de cada sequência, adapta os desenhos para melhor imprimirem a proposta da cena conforme a necessidade e define a paleta de cores que será utilizada na sequência.

A paleta de cores, também chamada de *key colors*, é pensada considerando-se os diferentes cenários utilizados ao longo do filme, que se transformam em referências para que os estilistas de cor (*color stylists*) possam desenvolver a paleta de cores de cada personagem conforme a iluminação da cena e para que os artistas de cenário (*background artists*) possam criar a pintura das paisagens e dos interiores. Por exemplo, um personagem receberá uma tonalidade de coloração diferente em um cenário que reflete um dia ensolarado ou nublado com o objetivo de melhorar o contraste e passar mais realismo conforme uma iluminação natural, que geraria sombras e penumbras.

O resultado do trabalho do diretor de arte, dos estilistas de cor e dos artistas de cenário é sintetizado em um guia de estilo visual (*visual style guide*), que será utilizado pelos artistas de desenvolvimento. Assim, os personagens são redesenhados por artistas especializados e consolidados para a criação da animação. Esse guia é formado por desenhos-modelo (*model sheets*), que visam padronizar o estilo dos personagens, dos objetos e dos cenários em sua produção pelos diferentes profissionais envolvidos, com o objetivo de obter consistência visual.

Os desenhos-modelo (*model sheets*) apresentam os personagens em diversas poses básicas, com desenhos de frente, de perfil e de costas, e também em poses características, específicas do personagem. Algumas folhas de modelo se concentram apenas nas expressões faciais do personagem, definindo sua reação e seus estados emocionais (Fialho, 2005).

Nesse momento, o *rigging* do personagem pode ser proposto. Trata-se de um processo bastante utilizado tanto em produções 2D como 3D. Com base na animação digital, começou-se a segmentar os personagens em partes para facilitar o processo futuro de animação. Assim, na animação 2D, costuma-se criar quatro vistas do personagem: frontal, três quartos, perfil e três quartos costas. Em seguida, o processo de *rigging* é realizado dividindo-se o desenho dos membros, como cabeça, tronco, braços, pélvis e pernas (Vieira, 2018). Essa divisão pode ser realizada de modo diferente conforme a estrutura do desenho e os movimentos propostos para o personagem.

Outro aspecto importante na definição de desenhos-modelo é o ciclo de caminhada do personagem, que é criado pelo supervisor de animação. A definição do ciclo de caminhada é essencial para que os animadores possam perceber como o movimento deve ser aplicado a determinado personagem. O desenhista de produção se concentra na criação dos cenários, valendo-se da visão por diferentes ângulos para desenvolver o desenho (Fialho, 2005).

Quanto mais detalhado o guia visual for, menor será a necessidade de revisão. Fialho (2005) explica que, enquanto na produção para o cinema o guia é considerado um documento vivo, pois é comum que aumente de tamanho conforme sejam produzidas novas sequências do roteiro, na produção para a televisão ele deve ser muito bem definido e fechado logo na fase inicial. O autor afirma que a constante modificação do guia na produção de cinema tende a atrapalhar a eficiência do trabalho.

O *storyboard* consiste na representação visual do roteiro descritivo. Dessa maneira, uma série de quadros individuais são desenhados, como em uma história em quadrinhos, e organizados em sequência de acordo com a progressão da história. Assim, é possível compreender as principais ações dos personagens na cena e observar a composição visual de cenários e objetos conforme o movimento proposto. Aspectos como iluminação e enquadramento são explorados e definidos pelos artistas nessa etapa (Fialho, 2005).

Segundo Glebas (2009), o processo de criação do *storyboard* deve ser iniciado pelo desenho de *thumbnails*, os quais consistem em esboços de miniaturas pouco detalhadas que servem de base para mostrar a distribuição dos personagens e dos elementos de cena.

Primeiro, os diretores do projeto analisam o roteiro e selecionam sequências para a elaboração do *storyboard*. Para isso, analisa-se a parte do dia em que se passa a ação (manhã, tarde ou noite), que determinará os diferentes desenhos do cenário.

A equipe responsável pelo *storyboard* é formada pelos diretores, pelos desenhistas (*story sketch artists*), pelo supervisor de *storyboard* e pelo roteirista do projeto, que se reúnem diversas vezes a fim de realizar seções de *brainstorming* com o intuito de estimular a criação de diálogos e atitudes dos personagens. Esse processo resulta no aprimoramento do roteiro, que terá um papel importante como guia dos quadros do *storyboard* (Fialho, 2005).

Em posse do roteiro aprimorado, o supervisor seleciona os profissionais adequados para gerar um esboço da sequência escolhida. Fialho (2005) argumenta que essa seleção da sequência inicial é de extrema importância. Muitas vezes, a primeira sequência do roteiro não é a mais adequada para se iniciar o trabalho. O autor sugere que a melhor sequência a ser escolhida para a fase inicial é aquela que melhor representa os personagens, suas características, seus sentimentos e seus conflitos. Assim, esse *storyboard* se torna um exemplo para o desenvolvimento de outras sequências (Fialho, 2005).

Após a elaboração dos desenhos, os quadros são fixados em sequência em painéis para serem analisados pela equipe principal de desenvolvimento em uma espécie de reunião chamada de *storyboard pitch*. Os profissionais comprometidos com o processo de *storyboard* realizam uma apresentação descrevendo a história.

Em seguida, a equipe principal sugere melhorias a serem incorporadas em um novo *storyboard*. Fialho (2005) destaca que, nesse momento, são considerados aspectos práticos do desenvolvimento visual, na medida em que o conceito já foi definido na etapa anterior e não sofrerá alterações.

Quando a sequência está pronta para a apresentação final, os quadros recebem arte-finalização detalhada e sofrem o processo de *clean up*. Nesse ponto, o *storyboard* é apresentado para além da equipe principal, contando também com a participação do editor, que cuidará dos efeitos de transição das cenas e dos movimentos de câmera. Aprovado pelo executivo, pelo produtor e pelos diretores, o *storyboard* segue para a etapa de desenvolvimento do *animatic*, realizada pelo departamento de edição (Fialho, 2005).

Fialho (2005) afirma que a etapa de *storyboard* na animação para cinema tende a ser o último que não acarreta grandes custos ao orçamento, mesmo que possa demorar aproximadamente um ano para a sua finalização. Após a aprovação do *storyboard*, o departamento de edição se encarregará de gerar o *animatic* da sequência. Para isso, é necessário preparar a gravação de diálogos preliminares (*temporary dialogues*) com o intuito de auxiliar nos ajustes e na adequação da narrativa ao ritmo da história. Assim, nesse primeiro momento, profissionais da própria equipe, como diretores, artistas e animadores, realizam a gravação do som-guia para a criação dos primeiros diálogos.

Esse processo é feito de forma simultânea à digitalização do *storyboard*, que será editado e ajustado para receber o mesmo ritmo e a mesma dinâmica propostos na apresentação da sequência. Assim, o editor sincroniza as gravações de som-guia preliminares com os quadros da história, com o objetivo de estabelecer o melhor ritmo e a melhor montagem, gerando uma pré-visualização do projeto, o *animatic*, assunto que será abordado de forma detalhada e profunda posteriormente.

A gravação de diálogos preliminares permite revisar o texto desenvolvido no roteiro a fim de melhorá-lo e evitar gastos desnecessários com a gravação final. A gravação final requer o aluguel de um estúdio de áudio apropriado e a contratação de atores para atribuir vozes aos personagens, o que requer um investimento considerável para o orçamento.

Fialho (2005) explica que seguir esses procedimentos metodológicos auxilia no controle e na eficiência da realização das etapas subsequentes. Desse modo, pode-se experimentar os diálogos, a edição, o ritmo e a composição a fim de realizar ajustes antes da fase de produção em si, na qual não será mais possível realizar mudanças nestes quesitos.

A gravação final só é realizada após a aprovação do *animatic*, ou seja, do *storyboard* animado e sincronizado com o som preliminar. Para a determinação dos atores contratados, uma pesquisa é realizada para que se encontre o timbre de voz ideal para cada personagem, de maneira a complementar suas características físicas, delinear os aspectos de sua personalidade e imprimir realismo ao projeto.

Fialho (2005) ressalta que, no caso de animações musicais, as canções devem ser previamente concebidas para a criação da sequência, pois elas ditarão o ritmo das cenas, a escolha de poses dos personagens, que deverão expressar movimentos de dança, e as expressões faciais para conferir a devida sincronia labial.

Portanto, as canções também devem sofrer um processo de produção conduzido por gravações preliminares, de modo a possibilitar que as demais etapas de produção do projeto fluam bem, além de prevenir erros técnicos, enquanto as versões finais são desenvolvidas. Fialho (2005) aponta a necessidade de os compositores estarem alinhados com o desenvolvimento do projeto a fim de escrever a trilha sonora com certa antecedência.

No geral, as gravações dos sons preliminares e a respectiva pré-edição somadas às imagens digitalizadas do *storyboard* permitem obter um resultado bem próximo do resultado final; dessa forma, é possível revisar todo o material e propor ajustes antes da produção em versão final.

Valendo-se do *storyboard* aprovado e das gravações de sons preliminares (diálogos, locuções e trilha sonora), os diretores determinam o tempo ideal entre as cenas desenhadas e os sons gravados. Os quadros do *storyboard* são numerados e capturados digitalmente, sendo assim transformados em imagens. Essas imagens são ordenadas e sincronizadas com os sons preliminares, formando o *animatic*.

Para Glebas (2009, p. 49), o *animatic* "é uma versão completa do *storyboard* com vozes e música temporária". O *animatic* permite visualizar pela primeira vez todos os elementos previamente discutidos nas etapas anteriores tomando forma. Os cortes, os efeitos de transição, a sincronia sonora e a duração das cenas são verificados de modo a testar sua adequação ao proposto no roteiro. Em seguida, o editor estabelece o ritmo da narrativa conforme o idealizado pelos diretores, alcançando como resultado uma animação preliminar que guiará a produção da animação original.

Esse processo que hoje chamamos de *animatic*, antes conhecido como *story reel*, teve origem no início dos anos 1930, quando houve a necessidade de se planejar a aplicação das primeiras trilhas sonoras em desenhos animados, tornando-se uma etapa essencial para a pré-visualização de uma sequência animada (Fialho, 2005). O objetivo era verificar a fluidez da narrativa e estimar a duração real do projeto.

A diferença entre o *story reel* e o *animatic* é caracterizada apenas pelos recursos tecnológicos propiciados por programas de edição não linear, composição e animação, que permitiram um grande avanço para a pré-visualização em termos de movimento e ritmo de cena. O *animatic* consegue imprimir movimento por meio do *storyboard* animado, pois aplica recursos que proporcionam deslocamentos de câmera (*zoom in*, *zoom out*, visão panorâmica), cortes e efeitos de transição (*fade in*, *fade out*, *cross-dissolve* etc.) bem próximos do que será aplicado na animação original. Além disso, o recorte digital confere a ilusão de movimento aos personagens, utilizando-se um único desenho para criar a sensação de deslocamento por todo o cenário.

Por meio do *animatic*, o roteirista e o artista de *storyboard* podem verificar se suas ideias, piadas e ênfases estão funcionando ou precisam ser ajustadas. O artista de *layout* avalia se o projeto está com boa composição e enquadramento (*staging*), o que pode receber um tratamento mais elaborado e quais elementos e cenários podem ser reutilizados, a fim de se economizar trabalho. O supervisor e o animador usam o *animatic* para ter noção de tempo e continuidade, o que contribuirá para o desenvolvimento de seu trabalho.

Com base na análise do *animatic*, o projeto poderá ser aprovado para se iniciar a etapa de produção, poderá ser revisto e retrabalhado ou até mesmo descartado. Segundo Fialho (2005), o *animatic* é essencial para todas as etapas subsequentes do projeto, até mesmo na divulgação para lançamento, uma vez que estratégias de propaganda já poderão ser estudadas. É um elemento de referência que visa esclarecer toda e qualquer dúvida sobre o projeto até o final de sua produção, resultando em uma animação bem próxima do que foi idealizado.

Para a gravação dos diálogos definitivos, atores são selecionados pelos produtores para interpretar os personagens e fazer a locução da história quando for necessário. Testes são realizados a fim de observar se os timbres de voz dos atores se adéquam aos personagens e sugerem os resultados pretendidos pelos diretores. Os ensaios de gravação permitem aos atores que entrem em sintonia com a história e com a personalidade dos personagens, atribuindo o tom apropriado para cada situação do roteiro. Esse momento é considerado muito importante também para ajustar o roteiro, pois as improvisações dos atores podem colaborar para que se façam melhorias no roteiro (Fialho, 2005).

Os atores recebem cópias dos desenhos de seus personagens, dois tipos de roteiro – sendo um com o descritivo das ações das cenas e outro focado na descrição dos sons que precisarão ser gravados – e o *storyboard* ou *animatic*, para que o ator possa formar uma ideia geral da ação a ser interpretada e da composição da cena. Todos esses documentos auxiliam o ator na compreensão da proposta do projeto e na construção psicológica do personagem, a fim de refletir suas características no timbre e na textura da voz (Fialho, 2005).

Fialho (2005) afirma que é de grande importância a participação do supervisor de animação nas sessões de gravação de voz para que possa observar a interpretação do ator, que poderá enriquecer o personagem. O autor acrescenta que é comum filmar o processo de gravação de voz durante as sessões, pois assim se obtém material documental da incorporação do personagem, e as expressões do ator podem ser passadas para o desenho final do personagem.

2.2 Produção da animação

Conforme já mencionamos, as fases de pré-produção e produção podem se sobrepor dependendo do tipo de projeto. Essa sobreposição pode ocorrer em projetos de longa-metragem para cinema, pois, mesmo com a aprovação das sequências, os processos de *storyboard*, gravação de áudio e *animatic* podem sofrer alterações.

Contudo, produções de séries animadas para televisão têm fases mais bem definidas. Após a aprovação do *animatic* de uma sequência ou episódio, a fase de pré-produção é considerada concluída. Conforme Fialho (2005), isso se deve à terceirização de serviços para outros estúdios para a produção do projeto, o que impede a ocorrência de um grande fluxo de alterações ao longo de sua realização.

Até que se considere o filme pronto para a fase de pós-produção, reuniões semanais ou diárias são conduzidas para que o desenvolvimento do projeto seja supervisionado. A cada sequência aprovada, uma nova versão do *animatic* é gerada. Nesse momento, o *animatic* auxilia o departamento de edição na reavaliação e no direcionamento do desenvolvimento da história.

Fialho (2005) explica que, ao se aprovar a nova versão do *animatic*, a produção segue para um nível operacional. Nesse momento, os diretores percorrem os departamentos envolvidos na execução para estabelecer um plano de produção a fim de manter o projeto no cronograma estipulado. Já os produtores delegam tarefas à equipe de produção, distanciando-se, assim, dos detalhes do acompanhamento de cenas com o intuito de administrar a produção e promover a interação necessária para "dar vida" e movimento aos personagens com a devida naturalidade e fluidez.

Considerando a importância da animação, o autor apresenta o fluxograma da Figura 2.2, que sintetiza todas as ações e as interações da fase de produção, que pode ser dividida nas etapas de elaboração do livro de trabalho (*workbook*), diagramação do projeto (*layout*), animação, criação dos cenários, pintura e composição digital das cenas.

Figura 2.2 – **Processo sistêmico de produção da animação**

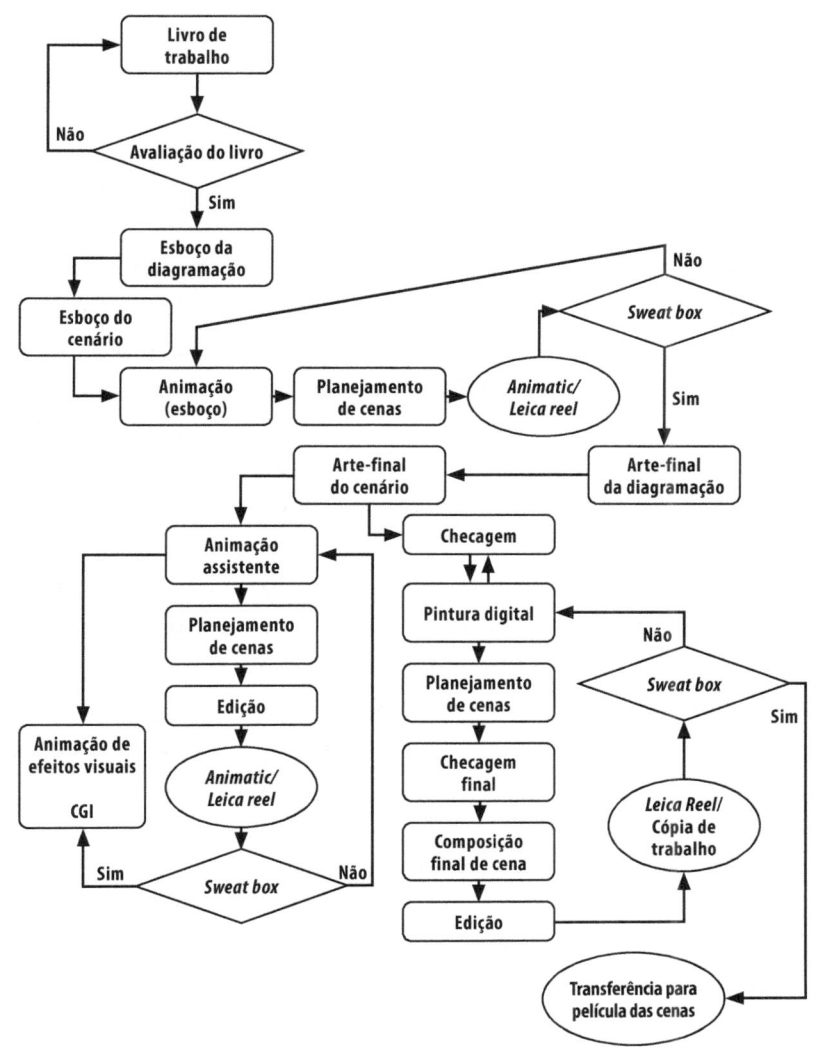

Fonte: Fialho, 2005, p. 92.

O livro de trabalho, livro técnico ou *workbook* é utilizado para delinear as cenas quanto a ângulo, enquadramento, movimento de câmera, composição, iluminação, efeitos de transição e percurso dos personagens pelo cenário. Assim, dá suporte ao desenvolvimento da animação de forma complementar ao *animatic*. O uso desse recurso é comum em projetos para cinema, sendo entendido como um desdobramento do *storyboard* que serve de guia para a diagramação das cenas (Fialho, 2005).

Fialho (2005) afirma que utilizar a linguagem cinematográfica no livro de trabalho após a resolução visual da história, por meio do processo de *storyboarding* na fase de pré-produção, possibilita um amadurecimento da equipe artística quanto ao ritmo proposto e à estrutura do filme. O autor ainda salienta que a utilização desse tipo de documento permite que se faça um melhor planejamento das cenas mediante a identificação dos desafios técnicos para a execução da sequência.

Na **etapa de diagramação**, os artistas realizam um estudo detalhado com base no *storyboard* e no livro de trabalho para ampliar o cenário e os personagens, ou seja, iniciam "modelos" de desenho, no sentido de estabelecer a devida escala de tamanho a ser seguida pelos animadores, por exemplo. Desse modo, sintetizam em uma composição as técnicas cinematográficas, atuando tanto de forma técnica como artística.

Os artistas do departamento de diagramação devem estabelecer a proporção ideal dos personagens e os níveis de efeitos visuais para serem animados, bem como os detalhes do cenário onde a cena estará ambientada. Segundo Fialho (2005), o objetivo é segmentar o trabalho de produção, poupando o animador de executar trabalhos detalhados que não têm relação direta com o ato de animar em si. Portanto, esses artistas realçam a profundidade dos elementos do cenário e dos personagens animados.

O processo de diagramação de uma cena (*layout scene*) conta com um conjunto de papéis que são desenhados ou impressos e refletem detalhes como o tamanho da câmera, o movimento proposto, as poses dos personagens, um esboço do cenário e uma cópia reduzida da cena conforme o livro de trabalho (*workbook sheet*). Todos esses papéis são organizados em uma pasta que representa a documentação da cena e que será entregue ao animador para a execução de seu trabalho (Fialho, 2005). Vejamos, a seguir, cada um desses papéis, que são especificados conforme sua importância no trabalho do animador.

- **Folha do livro de trabalho (*workbook sheet*)**: consiste em um resumo do livro de trabalho, que apresenta de forma reduzida a cena segundo o *storyboard*, os movimentos, os ângulos de câmera e a planta esquemática com a movimentação do eixo da câmera.
- **Folha da câmera (*field guide*)**: é a folha de papel de animação que apresenta o desenho ou a impressão do tamanho da câmera definido na etapa de diagramação e todas as informações necessárias sobre sua movimentação. Essa folha tem o objetivo de orientar o animador quanto aos limites impostos pelo enquadramento, permitindo-lhe elaborar a movimentação dos personagens conforme o enquadramento da câmera.
- **Folha do *layout* do cenário (*layout background*)**: é a folha de papel que contém o desenho do cenário esboçado no tamanho

certo e que servirá de referência para o animador criar os movimentos dos personagens na cena.

- **Folha de perspectiva do cenário** (*perspective grid*): é a folha de papel que contém o desenho esquemático por meio de uma grade ou *grid* em perspectiva. Essa folha tem o objetivo de auxiliar o animador na visualização da construção do personagem considerando-se o cenário, de modo que possa planejar o deslocamento deste em relação à superfície de forma realista.
- **Folha de poses dos personagens** (*character poses*): geralmente, são elaboradas duas ou três folhas com as poses principais de cada personagem. Essas poses são esboçadas a lápis ou apresentadas em forma impressa e servem de referência para que o animador verifique a proporção entre o tamanho do personagem e o cenário, assim como sugerem expressões e movimentos no intuito de descrever visualmente a reação que o personagem deve ter em determinados momentos.
- **Folha dos efeitos visuais** (*visual effects layout*): essa folha consiste na apresentação das diferentes camadas de efeitos necessários para a montagem da cena e que permitirão criar a atmosfera do que será transmitido (fogo, água, brilhos, sombras etc.).

Após a aprovação do esboço do cenário (*layout background*) e da diagramação da cena pelo supervisor, uma cópia desses documentos é colocada na pasta que será entregue ao departamento de animação. Já o trabalho completo de diagramação segue para o departamento de planejamento de cenas (*scene planning*) com o objetivo de digitalizar todas as camadas dos desenhos criados.

Com base nesses desenhos digitalizados, cria-se um arquivo digital com a finalidade de identificar e montar uma diagramação técnica da cena. O planejador de cenas testa digitalmente os movimentos de câmera propostos e compõe os elementos de cenário conforme o planejado na diagramação, formando uma composição digital, que é enviada para a edição, responsável pela sua inserção no *animatic* (Fialho, 2005).

Feito o esboço da animação, a cena ainda é trabalhada no departamento de diagramação, que desenvolve a arte-final considerando as várias camadas do cenário. Essa arte-final é enviada para o planejador, substituindo o esboço na composição. O mesmo acontece com os desenhos da animação, como no caso das poses dos personagens. Após a substituição de todos os esboços pelas artes-finais, uma cópia do cenário e seus elementos segue para a pintura digital por meio de programas de computador específicos (Fialho, 2005).

2.2.1 **Animação**

A fase de animação na produção consiste na essência do ato de animar. Segundo Fialho (2005), em escala industrial, essa fase costuma ser dividida em três departamentos: animação de personagens, animação assistente e animação de efeitos especiais, que seguem a estrutura hierárquica padrão na qual supervisores são coordenados no âmbito artístico pelos diretores e no âmbito administrativo pelos produtores do projeto. Esses departamentos trabalham de forma cooperativa e recebem suporte de outros departamentos estruturais, como o departamento de planejamento de cenas e o departamento de edição.

Fialho (2005) destaca que, em produções de longa-metragem para cinema, é comum que sejam contratados supervisores de animação para cada personagem, tendo cada um, assim, uma equipe específica de animadores. Essa prática é adotada com o intuito de conferir unidade aos desenhos do personagem ao longo do filme, o que torna mais fácil controlar o padrão de estilo e proporção.

O autor acrescenta que, em produções para a televisão, essa divisão do trabalho por personagens é descartada em razão dos curtos cronogramas e por questões de orçamento. Além disso, a exigência técnica costuma ser menor se comparada com as produções para cinema, já que as dimensões de tela são menores. A resolução da imagem no cinema é superior e requer maior cuidado com a visualidade gráfica e o volume dos personagens durante a sequência; os movimentos mais fluidos também exigem mais quadros por segundo, demandando um maior número de desenhos.

Os desenhos dos personagens definidos na pré-produção são consolidados pelos supervisores de animação, que atribuem características distintivas a cada personagem para que ele seja facilmente diferenciado dos demais com os quais vai contracenar.

O animador, por sua vez, comunica a história por meio da linguagem corporal e das expressões faciais do personagem. Esse processo requer muita observação e síntese da realidade, a fim de captar emoções humanas e movimentos orgânicos e formatá-los conforme a essência do personagem. Assim, pesquisar maneirismos de diversos contextos socioculturais auxilia no processo de definição da individualidade, que é fundamentada por meio do ciclo de caminhada do personagem.

> Esse estudo visual, chamado de **animação experimental** (*experimental animation*), é realizado pelo supervisor artístico, que aplica exercícios de animação com a equipe a fim de criar uma ambientação do contexto do projeto e normatizar movimentos e atitudes principais da personalidade do personagem (Fialho, 2005).

Após a redefinição do desenho do personagem, com a atribuição de características distintivas, o supervisor elabora uma forma de construí-lo utilizando formas básicas, de modo a tornar mais fácil sua reprodução pelos animadores. Esse estudo também será incluído no pacote de folhas de modelo do guia visual formado na pré-produção, como folhas de construção do personagem. Essas folhas instruem os animadores quanto ao desenho básico do personagem. Por fim, o desenho esquemático serve de referência para o desenvolvimento de modelos tridimensionais por meio de programas especializados. Esses modelos tridimensionais auxiliam na visualização do personagem por diversos ângulos, o que permite que se verifique melhor o posicionamento de câmera sugerido pelo departamento de diagramação (*layout*).

Conforme a diagramação das cenas é aprovada, as pastas com todos os documentos referentes ao *layout* das cenas são encaminhadas para a animação, na qual os diretores atribuem cenas específicas de cada personagem para os supervisores de animação com instruções quanto à *performance* do personagem. Em seguida, esses supervisores distribuem cenas para os animadores, que iniciam o processo de *handout*.

Então, em posse da pasta contendo todos os documentos de *layout* da cena, folhas de modelo de personagem (*model sheets*) ou até mesmo a escultura tridimensional e a ficha de filmagem (*exposure sheet* ou *dope sheet*), o animador inicia o seu trabalho por meio da **animação a lápis** (*rough animation*), que consiste na seguinte ordem de ações:

1. **Análise do *animatic*:** como o animador trabalha em uma cena por vez de uma sequência do filme, é necessário analisar o *animatic* a fim de compreender o contexto em que essa cena está inserida e principalmente promover o senso de continuidade com a cena anterior e a seguinte.
2. **Análise da trilha sonora:** no caso de haver sincronia de som com a *performance* do personagem, o animador analisa a ficha de filmagem a fim de obter informações sobre a divisão dos fonemas. Assim, ouve o diálogo em busca das sílabas tônicas das frases, que guiarão a atuação do personagem.
3. **Análise da pasta com as folhas de diagramação:** o animador realiza um estudo das poses sugeridas para o personagem, os limites de enquadramento e a movimentação da câmera na cena em questão. Os desenhos do *storyboard* refletem informações técnicas e a essência da história a ser transmitida para o público. Além da observação do *animatic*, o animador pode utilizar o livro de trabalho para ter uma ideia geral de como a cena anterior e a seguinte se conectam com o que será desenvolvido. Caso essas cenas já tenham sido trabalhadas, o animador

poderá entrar em contato com os animadores envolvidos e obter a cena inicial ou final para usar como referência. Primeiro, o animador deve se ater a essa conexão entre cenas para depois dedicar-se à qualidade técnica do trabalho.

4. **Análise do guia de estilo visual:** como sistematizam o desenho do personagem e serão constantemente consultadas, as folhas de modelo com o desenho-padrão do personagem por meio de vários ângulos são fixadas nas paredes próximas à mesa de trabalho. Dessa forma, o animador poderá realizar esboços rápidos valendo-se da observação das poses (*thumbnails*) e até mesmo desenvolver o minucioso detalhamento das poses de animação (*tight up*).

5. **Estudos de poses (*thumbnails*):** o animador realiza exercícios práticos das poses principais do personagem considerando as sílabas tônicas que identificou na trilha sonora, desenhando, assim, esboços a fim de conferir expressividade ao desenho. Esses exercícios servirão de base para os procedimentos seguintes. Fialho (2005) explica que é comum que as cenas passem por testes até que se alcance o resultado almejado.

6. **Testes de pose do personagem (*pose test*):** com base nas folhas de modelo, que contêm todos os ângulos dos personagens (*model sheets*), e no estudo de *thumbnails*, o animador desenha a pose inicial e final da cena já nas proporções corretas. Em seguida, cria as poses principais que contam a história e que se casam com as sílabas tônicas dos diálogos, que foram esboçadas previamente nos *thumbnails*. O objetivo é criar desenhos rápidos nas proporções corretas, com expressividade e gestos claros que comuniquem o proposto pela cena (*staging*).

As poses principais são capturadas digitalmente ou por meio de filmagem e ordenadas no tempo planejado em um processo chamado de *pencil test*. O *pencil test* consiste no primeiro teste das poses principais em relação ao tempo de duração da cena, que permite o amadurecimento do ritmo almejado considerando-se o movimento e o realce da sincronia com a trilha do diálogo. Por meio do *pencil test*, o supervisor pode também acompanhar o trabalho e verificar se o animador está obtendo êxito no desenvolvimento do projeto, aprovando-o para a etapa seguinte ou não. Uma vez aprovado, o animador define o tempo de cada pose na ficha de filmagem e organiza os desenhos numerando-os conforme esse tempo. Por fim, inicia o desenvolvimento dos desenhos intermediários.

7. **Criação das poses de passagem (*breakdowns*)**: os desenhos intermediários que demonstram como o personagem deve se mover de uma pose principal para outra são chamados de *poses de passagem*. Esses desenhos são imprescindíveis para o estabelecimento da personalidade do personagem. A distância necessária entre cada imagem para sugerir movimento é um ponto crítico que exige habilidade. Essa distância influencia diretamente no movimento do personagem, que tende a variar com o intuito de lhe conferir uma atuação mais natural e orgânica.

Após a elaboração dos desenhos, outro *pencil test* é realizado para que se defina o tempo de ação dessas poses de passagem. Uma vez aprovado este segundo *pencil test*, a cena segue para refinamento e ajustes finais. Caso o tempo entre as poses alcance o resultado pretendido, o animador deve enumerar essas poses de passagem e planejar o espaçamento dos desenhos intermediários restantes por meio de um gráfico (*spacing chart*) em que é registrado em que posição ocorre a pose de passagem em questão. Esse gráfico ilustra como os desenhos restantes devem ser posicionados no intervalo de tempo.

Definida a ênfase no movimento, o animador aplica os esboços das poses principais e de passagem nos detalhes do modelo para facilitar o trabalho de finalização dos personagens pelo departamento assistente. Depois, tendo como base as folhas de modelo novamente, redefine os traços das poses principais e de passagem com a ampliação dos detalhes de figurino e faciais, aplicando posições de boca correspondentes ao áudio, de maneira a sincronizá-los. Esse processo é chamado de *tight up*, pois consiste em arrumar o personagem de forma que fique mais condizente com o personagem do modelo final.

Outro *pencil test* é realizado a fim de comparar as expressões do personagem com o propósito da cena e verificar a sincronia com o áudio. Após a criação do movimento e a construção do personagem, o animador foca outros detalhes da animação, como a animação de acessórios, cabeças e objetos de cena, a fim de tornar a cena mais orgânica. Fialho (2005) explica que para cada objeto o ideal é que se faça um gráfico específico de espaçamento, criando-se um contraponto de ritmo para trazer vida à atuação do personagem. Outros testes são efetuados até que se chegue a um resultado consistente.

8. **Criação de poses intermediárias (*inbetweeners*)**: é comum que, em produções para cinema, os animadores sejam responsáveis por todos os desenhos intermediários e as poses de passagem

entre os principais; já em produção para lançamento em DVD, esses processos são destinados a um departamento de animação assistente, em virtude do curto prazo de produção. Esses formatos exigem a terceirização de parte da produção, ou seja, a contratação de outros estúdios para dar continuidade às etapas subsequentes. Produções para televisão costumam terceirizar toda a fase de produção, inclusive a própria animação.

Sendo a animação esboçada (*rough animation*) aprovada pelos diretores, a cena segue para o planejamento de cenas. Os desenhos de cada camada da animação são conferidos pelo planejador conforme a ficha de filmagem, que foi preenchida pelo animador. Essa ficha descreve cada camada de desenho, além de conter informações sobre o tempo da cena. Os desenhos são digitalizados e organizados conforme a ficha.

Digitalizada, a cena com os esboços é renderizada e enviada para a edição, que atualiza a cena em questão no *animatic*. A cada atualização do *animatic*, reuniões são realizadas para avaliar a cena animada dentro da sequência. Aprovada, a cena segue para a arte-final do cenário, como mencionado anteriormente. Uma cópia do cenário é encaminhada para sua pintura digital pelo departamento de cenários, enquanto a pasta da cena com o esboço da animação segue para o departamento assistente, que realizará a arte-final dos personagens.

Como é possível perceber, um projeto de animação necessita de constante pré-visualização. Por isso, o departamento de edição atua de forma colaborativa com todos os demais, desde a criação do primeiro *animatic* na fase de pré-produção até a composição digital de cada cena (Fialho, 2005).

Atualmente, algumas empresas adotam o termo *leica reel* para uma versão evoluída do *animatic*, composta de cenas animadas a lápis mescladas com cenas da fase de *storyboard*, que vão sendo atualizadas ao longo do desenvolvimento do projeto, embora *story reel* ainda seja um termo utilizado para identificar de forma genérica esse constante processo de pré-visualização. O termo *leica reel* tem origem no uso de um modelo de câmera fotográfica alemã chamado de *leica*, que costumava ser empregado para se realizar o *pencil test* das cenas. Quando os testes de animação eram revelados em película, o rolo de filme editado era denominado *leica reel*.

Para melhor compreensão do processo de pré-visualização da animação, Fialho (2005) representa a evolução do *animatic* ao longo do projeto tal como consta na Figura 2.3, a seguir.

Figura 2.3 – **Processo de evolução do *animatic***

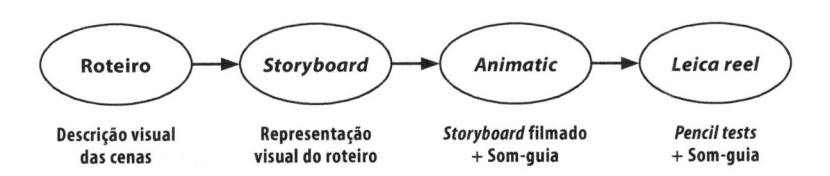

Roteiro	→	Storyboard	→	Animatic	→	Leica reel
Descrição visual das cenas		Representação visual do roteiro		*Storyboard* filmado + Som-guia		*Pencil tests* + Som-guia

Fonte: Fialho, 2005, p. 112.

O departamento de animação assistente é responsável pela qualidade ilustrativa dos desenhos elaborados pelo animador, o *clean up*, acrescentando aos personagens já animados a linha final e os acessórios definitivos. Segundo Winder e Dowlatabadi (2001 *citados por Fialho*, 2005), esse setor corresponde ao trabalho que seria feito pela maquiagem, pelo cabeleireiro e pelo figurinista em filmes *live action*.

Assim, o animador assistente deve se ater a detalhes não explorados pelo animador, além de criar os desenhos restantes da cena. Cada supervisor assistente (*lead key*) cria um novo guia visual considerando os personagens já finalizados e treina sua equipe de artistas para realizar a arte-final do personagem pelo qual é responsável, agora contendo todos os detalhes do desenho de construção final (*model sheets clean up*).

O processo de produção no departamento assistente conta com artistas assistentes dos desenhos principais, artistas de *breakdown* que fazem a arte-final (*clean up* ou *final line*) e os intervaladores (*inbetweeners*), que fazem os desenhos intermediários. Uma vez que a cena esteja arte-finalizada, é conferida pelo supervisor responsável e depois pelos diretores; na sequência, é encaminhada para o departamento de planejamento de cenas para a composição digital e posteriormente para a edição para a inserção no *animatic*.

2.2.2 Efeitos especiais

Os efeitos especiais (*special effects*) são aplicados às cenas também em departamento específico, que anima tudo o que não se refere aos personagens, ou seja, efeitos visuais que conferem dramaticidade à cena e realçam a atuação dos personagens, como a animação de troncos de árvores, carros, água, fogo, efeitos de sombra e brilho.

A animação dos efeitos especiais 2D conta com procedimentos semelhantes aos da animação dos personagens, porém é uma etapa bem mais simplificada. O supervisor coordena uma equipe de animadores que realizam esboços dos desenhos (*rough animation*) para a criação da ilusão de movimento dos efeitos. O supervisor elabora as folhas de modelo dos efeitos visuais, que são entregues aos animadores junto à pasta da cena contendo a arte-final dos personagens e do cenário e a ficha de filmagem que inicia seu trabalho. Assim como no processo de animação dos personagens, o trabalho realizado também é monitorado por *pencil tests*, que devem ser aprovados pelo supervisor e pelos diretores do filme. Uma vez aprovado o *pencil test*, este seguirá para o planejamento de cenas para a composição digital dos desenhos a lápis, que serão inclusos no *animatic*.

Como já mencionado, o *animatic* é apresentado em reuniões *sweat box*, em que a animação dos efeitos é analisada para aprovação final. Aprovada, segue para a arte-finalização; posteriormente, o processo se repete para uma nova aprovação. Após a checagem da animação, processo no qual um profissional verifica todos os desenhos arte-finalizados, bem como as fichas de filmagem da cena, os desenhos seguem para a captura digital para serem pintados em computador.

Conforme aponta Fialho (2005), a animação de efeitos especiais de objetos e fenômenos naturais vem sendo realizada por meio de tecnologia digital desde a década de 1990. Poucos estúdios ainda elaboram os efeitos por meio da técnica de desenho tradicional.

2.2.3 **Pintura**

Na pintura digital, todos os elementos que compõem a cena são coloridos eletronicamente por meio de processos de estilização da cor, marcação do modelo da cor, marcação da pintura e tintura de cada imagem da cena (Seegmiller, 2008; Fialho, 2005).

Na estilização da cor, são criados modelos de cor para cada personagem, objeto e efeito visual, a fim de estabelecer um padrão de cores para o projeto. Geralmente, a paleta de cor de um personagem atende a diferentes situações que podem vir a ser propostas nas cenas, como no caso de ele estar sob a luz do dia, à noite ou na sombra, por exemplo (Fialho, 2005). Essa etapa pode ocorrer em paralelo à etapa de produção até que os modelos de cor sejam aprovados e possam ser atribuídos às cenas já prontas.

Em seguida, as cores são codificadas para que possam ser identificadas facilmente pelo artista que realizará a pintura digital. Os artistas de marcação do modelo de cor utilizam codificação por números.

Já a marcação da pintura consiste em conferir todas as imagens quanto às linhas de conexão dos personagens e dos cenários e marcar nas imagens das cenas as áreas de pintura que podem gerar dúvida para a colorização; assim, também se encarrega algumas vezes de pintar quadros principais para que o padrão seja seguido pelos pintores (Fialho, 2005).

2.2.4 **Composição digital das cenas**

Com os arquivos já colorizados e a composição digital das cenas já passada para o filme, o departamento de planejamento de cenas realiza a composição final de todas as camadas, ajustando os enquadramentos e os movimentos de câmera que foram planejados na etapa da diagramação. Essas camadas consistem em todos os desenhos da animação, personagens, cenários, efeitos especiais e filtros digitais. Esses filtros são utilizados para realçar movimentos, alterar cores ou desfocar determinadas áreas da imagem conforme a necessidade (Fialho, 2005).

Após esse processo, esses arquivos são coloridos pela última vez, sendo depois conferidos para evitar possíveis falhas na pintura digital dos quadros. Conforme os arquivos digitais das cenas são coloridos e aprovados, o editor organiza a versão digital do que virá a ser o filme completo. Nesse momento, o *animatic* ou *leica reel* vai sendo substituído pelas novas versões digitais das cenas, até que o projeto todo esteja completo, o que é chamado de *cópia de trabalho* (*workprint*).

A primeira edição digital da animação servirá de referência para a construção final das cenas, que serão impressas em películas. As cenas são construídas em alta resolução digital para a transferência em película de filme apenas após a provação final da cor pelos diretores.

2.3 Pós-produção da animação

Na fase de pós-produção, todas as cenas já foram devidamente conferidas, compostas digitalmente e aprovadas pelos diretores. Assim, inicia-se a transferência das cenas digitais para a película de filme de 35 mm. A montagem recebe ajustes finos, a trilha e os efeitos sonoros em versão final. Em seguida, é realizada a mixagem final de imagem e áudio da animação.

Nessa etapa, o projeto é "trancado" (*locking picture*), ou seja, não recebe nenhum tipo de edição ou revisão. O compositor, em posse do filme não sonorizado, cria os efeitos sonoros e a partitura musical para a gravação. Enquanto isso, o produtor providencia a produção dos créditos de abertura e fechamento para a mixagem final (Fialho, 2005).

Antes da montagem em película, testes de exibição são realizados para verificar se a história está de fato dialogando com os espectadores conforme o esperado. Nesse momento, o filme ainda em versão digital e com trilha e efeitos sonoros temporários é conferido e recebe os últimos ajustes antes de ser trancado.

Quando trancado, o trabalho e montagem do negativo ocorre de forma simultânea. Posteriormente, as imagens recebem correção de cor, e todo o material de áudio (canções, gravações de vozes e efeitos sonoros) é pré-mixado. Por fim, as imagens e os áudios são montados na mixagem final, formando, assim, o filme de animação que será exibido para o grande público.

Para a fase de pós-produção, Fialho (2005) propõe o fluxograma da Figura 2.4, que ilustra todas as ações que culminam na finalização do ciclo de produção.

Figura 2.4 – **Processo sistêmico de pós-produção da animação**

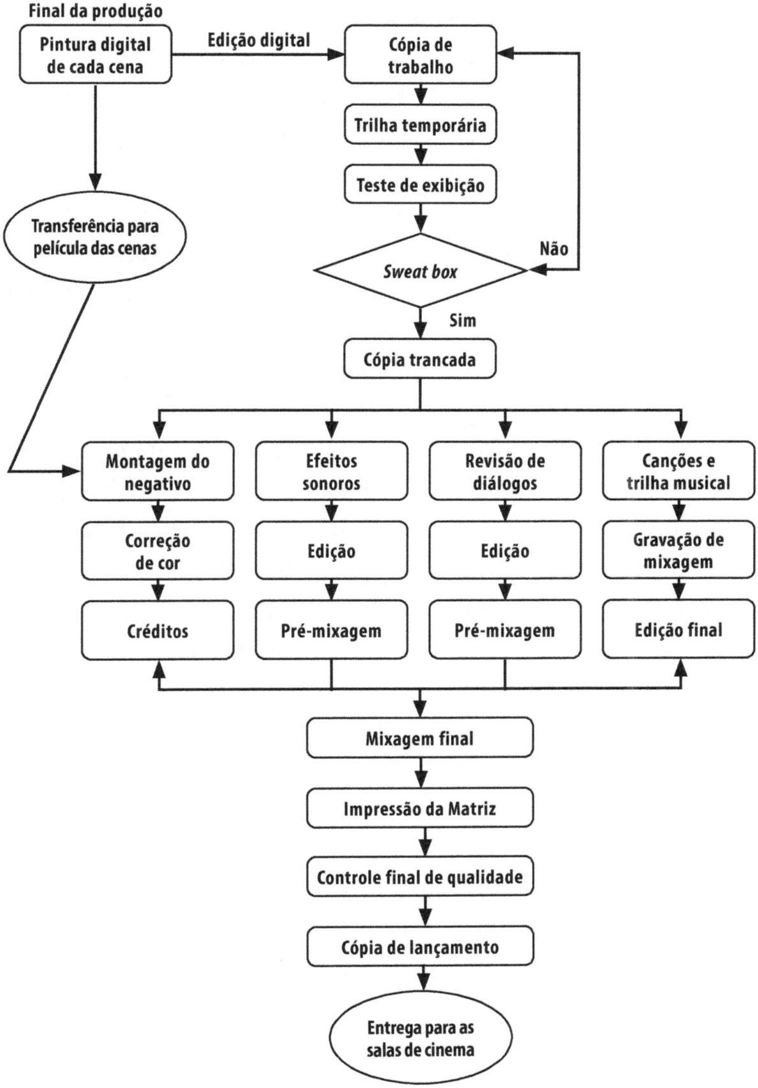

```
Final da produção
┌─────────────────┐   Edição digital   ┌──────────────┐
│ Pintura digital │ ─────────────────> │   Cópia de   │ <────┐
│  de cada cena   │                    │   trabalho   │      │
└────────┬────────┘                    └──────┬───────┘      │
         │                                    ▼              │
         │                            ┌───────────────┐      │
         │                            │Trilha temporária│    │
         │                            └──────┬────────┘      │
         ▼                                   ▼               │
┌──────────────────┐                 ┌────────────────┐      │
│ Transferência para│                │Teste de exibição│     │
│ película das cenas│                └──────┬─────────┘      │
└─────────┬────────┘                        ▼          Não   │
          │                              ◇ Sweat box ◇ ──────┘
          │                                   │ Sim
          │                                   ▼
          │                           ┌───────────────┐
          │                           │ Cópia trancada│
          │                           └───────┬───────┘
          │            ┌──────────┬───────────┼───────────┬──────────┐
          │            ▼          ▼           ▼           ▼
          │     ┌──────────┐ ┌─────────┐ ┌─────────┐ ┌────────────┐
          └────>│Montagem do│ │ Efeitos │ │Revisão de│ │ Canções e │
                │ negativo  │ │ sonoros │ │ diálogos │ │trilha musical│
                └─────┬─────┘ └────┬────┘ └────┬─────┘ └─────┬──────┘
                      ▼            ▼           ▼             ▼
                ┌──────────┐ ┌─────────┐ ┌─────────┐ ┌────────────┐
                │ Correção │ │ Edição  │ │ Edição  │ │ Gravação de│
                │  de cor  │ │         │ │         │ │  mixagem   │
                └─────┬────┘ └────┬────┘ └────┬────┘ └─────┬──────┘
                      ▼           ▼           ▼            ▼
                ┌──────────┐ ┌──────────┐ ┌──────────┐ ┌───────────┐
                │ Créditos │ │Pré-mixagem│ │Pré-mixagem│ │Edição final│
                └─────┬────┘ └─────┬────┘ └─────┬────┘ └─────┬─────┘
                      └────────────┴─────┬──────┴───────────┘
                                         ▼
                                ┌────────────────┐
                                │ Mixagem final  │
                                └────────┬───────┘
                                         ▼
                                ┌────────────────┐
                                │Impressão da Matriz│
                                └────────┬───────┘
                                         ▼
                                ┌────────────────────┐
                                │Controle final de qualidade│
                                └────────┬───────────┘
                                         ▼
                                ┌────────────────┐
                                │Cópia de lançamento│
                                └────────┬───────┘
                                         ▼
                                ╭────────────────╮
                                │ Entrega para as │
                                │ salas de cinema │
                                ╰────────────────╯
```

Fonte: Fialho, 2005, p. 131.

Uma vez que o projeto já se encontra em película de 35mm e devidamente aprovado em sua forma final, um profissional especializado em montagem de negativo é contratado. Esse profissional será responsável por remontar o negativo das imagens do filme conforme as especificações da ficha de montagem do negativo.

Como o negativo será a matriz referencial do projeto, é realizado um processo de duplicação do filme em positivo (*interpositive* ou IP), que posteriormente servirá de base para a criação de um novo negativo (*internegative* ou IN), que será usado para a impressão final, com o objetivo de evitar o desgaste do negativo matriz (Fialho, 2005).

Como as películas geralmente apresentam divergências na coloração conforme a paleta digital, correções são aplicadas a fim de ajustar o brilho, a densidade, a matiz, o contraste e a pureza dos tons. Esse trabalho é realizado por técnicos de laboratório especializados que atuam de acordo com os ajustes apontados pelos diretores de arte após a análise dos quadros principais da animação. Após os devidos ajustes e a aprovação do resultado, uma cópia é revelada a partir do negativo ajustado para se fazer uma conferência final das cores.

Como atualmente as cópias digitais vêm ganhando mais espaço na exibição cinematográfica, os ajustes finais se tornam cada vez mais rápidos e baratos, tornando a fase de pós-produção mais eficiente.

A lista de nomes das equipes artísticas e administrativas envolvidas com a produção da animação é levantada pelo produtor para a consolidação dos créditos de fechamento do filme, assim como a lista dos estúdios assistentes, dos equipamentos e das tecnologias empregados.

Já para a criação dos créditos principais, como o título de abertura e o nome dos realizadores e das celebridades envolvidas, os estudos do guia de estilo visual são utilizados como referência para a estética dos movimentos gráficos, que devem imprimir o ritmo proposto pelo projeto.

A mixagem final (*final dub*) realizada no departamento de som equilibra as principais trilhas de áudio de modo a sincronizá-las com as imagens nas películas. Nessa fase, algumas correções de volume podem ser feitas pelos técnicos de som, a fim de gerar as matrizes finais da trilha que serão aplicadas em um negativo sonoro. Mixagens sem a trilha de diálogo também são produzidas tendo em vista futuras dublagens para países de língua estrangeira (*music and effects*). Assim, as empresas de distribuição do filme nos países estrangeiros serão responsáveis pela tradução do texto e pela gravação dos diálogos por meio de dublagem na respectiva língua (Fialho, 2005).

> Conhecer todo o processo de produção de animação pelos grandes estúdios, desde o início do planejamento na pré-produção até sua finalização com o filme em sua versão final de cópia de lançamento, é de extrema importância para se compreender todo o trabalho artístico envolvido, que exige, além de talento, alto grau de comprometimento e especialização para que todo o cronograma seja cumprido e o trabalho seja reconhecido pelo grande público.

MabelAmber/Shutterstock

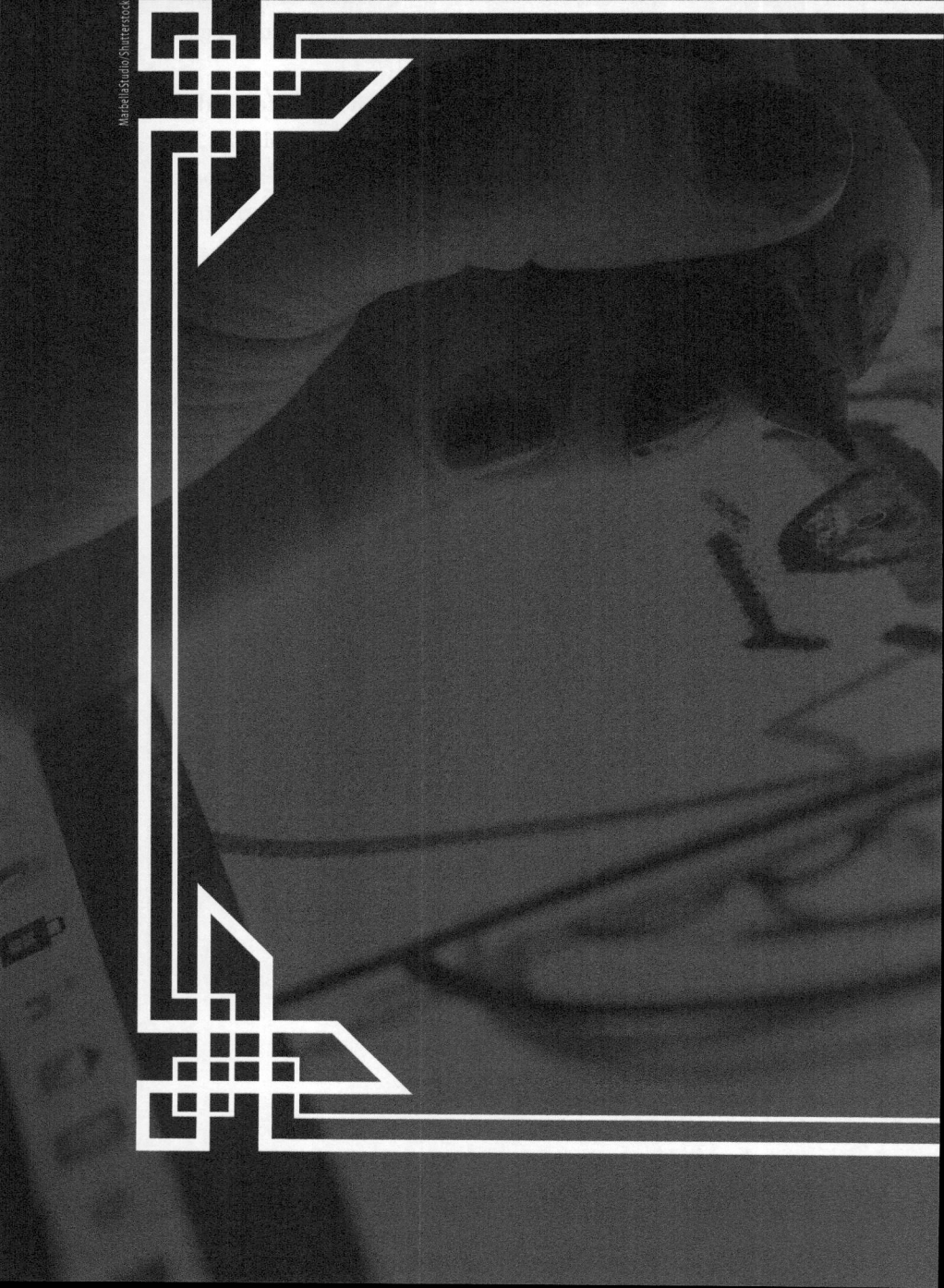

CAPÍTULO 3

CONCEITUAÇÃO E DESENVOLVIMENTO DA IDEIA INICIAL

Segundo Wells, Quinn e Mills (2012), "todo projeto requer uma ideia arrebatadora – a ideia essencial que motiva o processo criativo". Mas não é só de ideias que um projeto é feito. Uma série de pesquisas e testes devem ser desenvolvidos para que essa ideia seja lapidada e possa ser explorada dentro de um processo criativo.

No âmbito da animação, essa ideia precisa ser trabalhada considerando-se as técnicas, as ferramentas e os métodos que serão utilizados para dar vida ao que foi proposto. Ainda que na fase de roteirização a ideia evolua de forma fluida, muitas vezes a criação de desenhos já se faz necessária para dar suporte ao fluxo criativo.

Wells, Quinn e Mills (2012) contribuíram para o ensino da animação explorando justamente o aprimoramento do conceito. Les Mills enfatiza que os filmes devem tratar "sobre algo". Um exemplo seria sua produção *Britannia*, que trata sobre anticolonialismo e anti-imperialismo, ainda que tenha como foco o caso da Grã-Bretanha. O animador sugere que o assunto principal precisa ser algo bem definido e não necessariamente focado em um objeto. Ele acrescenta que *Britannia* poderia tratar do caso de qualquer outro império, como Espanha, Portugal e França.

Já durante o desenvolvimento de *Body Beautiful*, Mills procurou aprimorar sua ideia valendo-se de tópicos que auxiliam na criação do roteiro, como objetivos a serem alcançados no percurso do projeto. Entre eles, podemos citar como exemplos:

- **Objetivos relacionados à personalidade do personagem:** dar uma identidade estável, estabelecer Beryl como uma anti-heroína.
- **Objetivos relacionados à narrativa:** refletir as mudanças no papel da mulher na sociedade e no declínio da indústria de base na época.

- **Objetivos relacionados aos processos de produção:** utilizar diálogos improvisados pelos atores para gerar melhorias no roteiro e realizar pesquisas para a criação dos cenários.

Logo, é possível compreender que uma "ideia arrebatadora" precisa ser expandida, trabalhada, para assim gerar um estímulo criativo contínuo.

3.1 O ato de desenhar

O espectador geralmente vê o resultado final da criação de uma animação tradicional e não imagina todo o processo de produção por trás daquele desenho final. O animador Michael Shaw relata que o desenho auxilia em seu trabalho de criação digital no sentido de gerar inspiração para formas. Ao invés de procurar refinar o trabalho de desenho manual por meio de programas de edição digitais, Shaw busca justamente o efeito orgânico do manual em suas criações digitais.

What Might Be é um exemplo de animação que reflete todos os materiais tradicionais do desenho manual, como lápis, borracha, gravura e nanquim, com a sutileza observada em borrões, contornos e desenhos sobrepostos. Desse modo, evidencia todos os processos inerentes à produção da animação tradicional aos espectadores por meio de camadas virtuais sobrepostas (Wells; Quinn; Mills, 2012).

Quanto ao **processo,** Mills (Wells; Quinn; Mills, 2012) explica que o desenho pode revelar processos mentais muitas vezes sintetizados pelo ato da criatividade. Assim, à medida que o artista desenha, esses processos vêm à tona e podem ser mais bem aproveitados para dar seguimento ao desenvolvimento do projeto em outro momento.

Joanna Quinn (Wells; Quinn; Mills, 2012), por sua vez, utiliza imagens como suporte para sua criação narrativa. Nesse sentido, imagens são tomadas como referências para a produção textual e para a criação dos esboços desenhados. Dessa forma, a natureza do conteúdo se torna explícita o suficiente para o desenvolvimento do *mise-en-scène*, que envolve a criação do cenário, do espaço físico, da *performance* dos personagens e o modo como os movimentos serão aplicados.

Sobre a estrutura da animação *Dreams and Desires*, Mills (Wells; Quinn; Mills, 2012) destaca que foi criada uma cena em que o *mise-en-scène* consistiu em projetar a percepção de que a personagem Beryl era prisioneira da câmera, por meio do uso apenas de tomadas de câmeras subjetivas, valendo-se da visão da personagem em frente à câmera ou da visão da cena pela personagem.

Quanto à linguagem da animação, Mills ressalta um conjunto de expressões específicas que se referem às características centrais na abordagem das cenas. Essas expressões são:

- **Metamorfose:** consiste na habilidade de criar uma transição entre uma forma e outra sem edição.
- **Condensação:** é a capacidade de sintetizar ao máximo a sugestão de uma ação, expressão ou movimento utilizando o mínimo possível de quadros.
- **Antropomorfismo:** relaciona-se com a atribuição de traços humanos a objetos e seres não humanos, como animais, plantas, coisas e ambientes.

- **Fabricação:** consiste na criação física e material de conceitos e espaços imaginários.
- **Penetração:** é o ato de retratar o interior psicológico, físico ou técnico de personagens, cenários e conceitos inimagináveis.
- **Associação simbólica:** está relacionada ao uso de sinais visuais abstratos e dos respectivos significados.
- **Ilusão sonora:** refere-se à construção artificial de uma trilha sonora com o objetivo de dar suporte e auxiliar na contextualização e na ambiência das cenas, tomando o lugar do silêncio natural das formas animadas.

A próxima seção será sobre a criação do roteiro. Faça anotações quando precisar e revise os tópicos mais importantes sempre que houver necessidade.

3.2 A criação do roteiro

Vários métodos de criação podem ser utilizados para o desenvolvimento de um roteiro de animação. Pode-se trabalhar tanto com o modelo tradicional, com base em descrições e diálogos, como por meio da visualização por esboços e *storyboards*. A determinação do uso de uma abordagem ou outra deve ser conduzida conforme a intenção do projeto e aquilo que se objetiva como resultado final. Todavia, o desenho tem grande participação nesse processo, independentemente da abordagem escolhida (Wells; Quinn; Mills, 2012).

O desenho é primordial para quase todas as fases do processo de animação, tendo em vista todo o panorama histórico e os processos de produção industriais apresentados. O desenho permite retratar elementos invisíveis e inimagináveis (orgânicos, psicológicos, materiais, complexos), independentemente da natureza. Assim, uma ideia pode ser expressa por meio de diferentes visões, utilizando-se minimização, exagero ou outras formas de expressão.

Desse modo, Wells, Quinn e Mills (2012) salientam que o desenho possibilita prospectar o futuro e relembrar o passado, dando à animação certo controle temporal e espacial.

3.3 O desenvolvimento do *storyboard*

Julia Bracegirdle, que foi animadora e desenvolvedora visual nos estúdios Amblimation e Warner Bros., utiliza o *storyboard* sob a ótica do ensino da visualização. Wells, Quinn e Mills (2012) explicam que o uso de ferramentas de visualização funciona como um complemento ao diálogo e às descrições textuais.

Bracegirdle define o *storyboard* como uma ordem sequencial de imagens que retratam e sustentam o desenvolvimento da narrativa, tratando-se, assim, de uma espécie de roteiro visual, que também é trabalhado em muitas versões até que se chegue à forma final.

Na qualidade de ferramenta empregada nos processos de desenvolvimento da animação, conforme Bracegirdle, o *storyboard* auxilia na definição do visual na fase de pré-produção, possibilitando testar novas ideias e narrativas antes do início da produção. Na produção, colabora na organização do conteúdo e do trabalho a ser desempenhado em cada cena. Assim como o *animatic*, que não deixa de ser um *storyboard* animado, torna-se uma referência essencial que apoia desde os primeiros passos do desenvolvimento até os últimos ajustes de um filme.

Bracegirdle (*citada por* Wells; Quinn; Mills, 2012) aponta os seguintes fundamentos para o desenvolvimento de *storyboards* funcionais:

- remover e substituir quadros para aperfeiçoar o roteiro visual;
- desenhar e redesenhar de forma contínua;
- improvisar e experimentar quando possível, diante de prazos e custos estipulados;
- evitar papel de alta qualidade para não cultivar atitudes perfeccionistas, o que deve ser evitado.
- decompor a narrativa em todos os planos e cenas necessários para contar a história;
- criar esboços por meio de miniaturas (*thumbnails*), a fim de focar os personagens e a trama, deixando a conceituação da composição e dos movimentos de câmera para um segundo momento;
- reconhecer o caráter decisivo de cada quadro, na medida em que cada um afeta o que pode ou não acontecer em seguida na narrativa;
- refletir sobre o que vem sendo construído, a fim de melhorar a ilustração da narrativa e reorganizar a ordem dos quadros no *storyboard*;
- construir uma sequência de quadros que podem ser utilizados para a gerar um *animatic*.

Wells, Quinn e Mills (2012) definem o *animatic* como uma síntese dos quadros do *storyboard*, que são filmados, ordenados e recebem uma trilha sonora provisória, gerando uma primeira percepção da animação. O *animatic* é uma ferramenta de visualização associada ao *storyboard*, que permite verificar se algo precisa ser acrescentado ou retirado da narrativa, a fim de melhor contar uma história.

As cenas são elaboradas considerando-se o contexto no qual a narrativa, os personagens e as ações se desenvolvem. É comum que se pense primeiro na dramatização e nos diálogos da cena, mas ater-se à contextualização é importante para se criar sentido na animação. No que diz respeito ao desenho, as cenas são pensadas tendo em vista os planos de fundo, a diagramação (*layout*) e a coreografia.

A diagramação (*layout*) auxilia na definição de um plano de fundo para a ação, mapeando elementos performáticos, sendo pertinente para a visualização ao aliar-se à coreografia dos movimentos.

3.4 Desenho e narrativa

O desenho é uma ferramenta complexa que permite expressar grande variedade de ideias, pensamentos e processos criativos mentais, mas que também, por vezes, exige uma ação procedimental para o seu desenvolvimento.

O desenho de animação está mais associado aos conceitos e às emoções transpostos por meio de sua aplicação técnica. Assim, torna-se essencial para facilitar a narrativa, seja pela visualização da história, seja como ferramenta para que o animador e o roteirista tomem como referência para a experimentação de processos para a geração do material final.

Peter Parr (2017), animador e professor, considera de grande importância para um animador construir e manter um *sketchbook*. Segundo o autor, o uso frequente dessa ferramenta para observar, registrar e fantasiar se torna um compromisso com o seu desenvolvimento. Entende-se que, em um *sketchbook*, o ideal é seguir o fluxo criativo sem se importar com grandes detalhes, isto é, cada traço ou rabisco pode ser o caminho para grandes ideias no processo criativo. Assim, aconselha-se ao animador que resista à tentação de apagar desenhos ou retirar páginas do caderno. Todo e qualquer esboço deve ser guardado, pois servirá de base para novas criações.

Wells, Quinn e Mills (2012) explicam que, da mesma forma que um dramaturgo pode criar um material com base no elenco que vai interpretá-lo, o animador pode utilizar seus registros como ferramenta de inspiração, que podem sugerir histórias e ideias para a criação de personagens e contextos.

Parr ainda destaca que gosta de experimentar diversas técnicas em seu *sketchbook*, a fim de retratar tudo o que olha, pensa e vê sob diferentes conceitos. O animador considera que o *sketchbook* é "um lugar importante para expandir e preservar seu conhecimento, durante sua busca pelo desenvolvimento de suas habilidades de desenho" (Parr, 2017, tradução nossa).

Entende-se que desenvolver habilidades para desenho relaciona-se intimamente com o ato se expressar graficamente por meio de ideias e conceitos, indo além do senso comum de se obter fluência no uso de técnicas. Dessa forma, o desenho torna-se um ato "deliberado e técnico", segundo Wells, Quinn e Mills (2012), e essas várias perspectivas reunidas em um *sketchbook* possibilitam ao artista que desenvolva vocabulário visual para a criação de personagens e ambientes.

Sobre o uso do computador no processo de criação, compreende-se que esta pode ser a ferramenta errada, pois não confere a devida sensibilidade artística, tampouco permite a rápida adaptação do projeto diante das constantes mudanças. Já o desenho manual acaba por ser muito conveniente na fase de pré-produção, visto que é possível incluir e excluir esboços conforme as ideias da narrativa são aprimoradas.

Considerando o personagem como narrativa, Wells, Quinn e Mills (2012) definem o estereótipo e o caráter como aspectos importantes na construção do personagem. A elaboração do estereótipo consiste em criar uma característica dominante, que reproduz comportamentos sociais. A pesquisa e a exploração de diferentes estereótipos são amplamente utilizadas para criar desenhos e narrativas complexas de personagens, expondo sentimentos, valores e características interiores. Já o caráter é associado ao modo como alguém se comporta de forma moral, social e espiritual. Reflete também como se relaciona na vida prática por meio de suas escolhas e no convívio social.

Como o corpo é um dos elementos fundamentais na animação, no âmbito da narrativa sua representação ultrapassa os aspectos funcionais, servindo de base também para a criação da experiência subjetiva do personagem (Wells; Quinn; Mills, 2012). Portanto, a ilustração da representação narrativa auxilia na interpretação do conceito, valendo-se de princípios gráficos que sugerem, ainda que estáticos, o desenvolvimento das ações na história.

Norman McLaren, um dos mais renomados animadores voltados para a animação artística, destaca a relação entre a dança e a animação em uma narrativa. McLaren explica que ambas são formas de arte e utilizam o movimento como meio de expressão, o que permite construir a devida conotação emocional diante da natureza do movimento corporal. Assim como em um espetáculo de balé, fica claro que a narrativa também é transmitida por meio da expressão física.

Desse modo, retratar movimentos de dança na narrativa não é só uma questão de se ater aos movimentos e às posições condizentes com o ritmo musical. É necessário de fato contar a história, imprimir o sentimento do personagem e explorar detalhes tanto faciais quanto de interação com o cenário que expressem a narrativa.

Um desenho menos fluido do corpo imprime um ar modernista, com base no conceito do corpo como máquina. Dessa forma, o organismo assume movimentos que oscilam entre o controle e o colapso, sugerindo, assim, uma ideia de organismo urbano quase industrializado (Russell citada por Wells; Quinn; Mills, 2012).

O desenho como ferramenta narrativa é ainda mais importante no caso de animações infantis, em razão da familiaridade da criança com o ato de desenhar e até mesmo por estar imersa em um mundo lúdico. Dessa maneira, as animações desse gênero contam com técnicas de *stop motion* e 3D que simulam esse universo infantil, assemelhando-se à forma dos ambientes que a criança frequenta e aos brinquedos com que costuma brincar em seu dia a dia. Portanto, a animação infantil exige maior qualidade quanto à definição de formas e habilidades narrativas específicas (Wells; Quinn; Mills, 2012).

Curtis Jobling, roteirista, ilustrador e animador responsável pelo desenvolvimento da série animada *Bob, o Construtor* em *stop motion*, relata como foi o processo de desenho do personagem como narrativa. O design dos personagens consistiu no trabalho com um boneco genérico e careca, que recebia figurinos, cabelos e detalhes para a formação de diferentes personagens femininos e masculinos.

Jobling (*citado por* Wells; Quinn; Mills, 2012) conta que o primeiro desenho do personagem Bob sofreu grandes transformações ao longo do processo, sendo aperfeiçoado em detalhes, como os pés e as mãos, que inicialmente eram bem pequenos e precisaram ser aumentados para que a técnica de *stop motion* pudesse de fato ser aplicada ao boneco. Logo, os bonecos que representavam os personagens deviam conseguir ficar firmes e em pé dentro do cenário sem cair facilmente. Placas de metal eram utilizadas abaixo dos pés dos bonecos e imãs eram utilizados abaixo do cenário para conduzi-los ao longo do percurso de cena.

Ter conhecimento sobre como o desenho será usado e com quais técnicas e aplicações ele vai dialogar é essencial e requer pesquisa. Desse modo, fica evidente que é necessário alinhar conceito e técnica a fim de modelar o processo de desenvolvimento de uma animação.

É possível concluir, então, que conceito e técnica precisam estar caminhando paralelamente no desenrolar do processo criativo; caso contrário, não se alcançará um resultado prático, podendo o projeto vir a ser descontinuado ou sofrer mudanças radicais, desviando-se dos propósitos iniciais.

3.5 Desenho e adaptação

A adaptação de desenhos e estilos gráficos já moldados por outro profissional, advindos de quadrinhos e ilustrações, é uma prática bastante comum que, ao contrário do que parece, exige maior atenção no processo de transformação para a forma animada. O original desenhado passa por um processo de representação no qual é preservada a integridade das características estilísticas, de modo a encontrar a forma ideal de animá-lo sem perder a essência da obra. O processo de adaptação pode ser problemático conforme o nível de complexidade da obra, o que pode requerer maior afastamento do original.

Wells, Quinn e Mills (2012) ressaltam a importância de se manter o estilo gráfico ao longo de um projeto. Segundo os autores, o público cria familiaridade com a obra original do autor; logo, é necessário sustentar esse estilo já reconhecido na mídia impressa. Além disso, é imprescindível manter o ponto de vista autoral, como a carga satírica das charges políticas. Entende-se que o processo de animação deve dar suporte à mensagem já narrada. Nos casos de adaptação, a animação torna-se essencialmente ferramenta de comunicação, ou seja, pouco poderá ser criado em cima do original e, quando criado, deve receber o aval de seu autor.

Portanto, uma análise de desenho deve ser realizada a fim de se obter conhecimento a respeito do estilo do artista original e da forma como esse estilo será inserido no projeto. O estúdio J.J. Sedelmaier Productions, que trabalha com diversos estilos para vários clientes, aponta as **principais ações a serem consideradas no processo de adaptação:**

1. Identificar a técnica utilizada na obra do artista. Por exemplo: aquarela, caneta marcadora, bico de pena e nanquim ou até mesmo recursos digitais como Photoshop e Illustrator.
2. Verificar se a abordagem narrativa do artista combina com a arte, ou seja, ambas são satíricas, gentis ou bem-humoradas, por exemplo.
3. Aplicar uma trilha sonora compatível com a atitude certa proposta na narrativa original.

As duas primeiras ações estão relacionadas à definição do movimento sequencial dos personagens e da técnica a ser empregada para gerar esse movimento. Já a terceira ação confere a coerência sonora que poderá influenciar decisivamente na compreensão da mensagem.

Considerando a adaptação literária, no Quadro 3.1, Wells, Quinn e Mills (2012) comparam as principais características dos quadrinhos no estilo *graphic novel*, que refletem textos mais longos voltados para o público adulto, com as do desenho animado.

Quadro 3.1 – **Comparação estilística entre *graphic novel* e desenho animado**

Graphic novel	Desenho animado
Quadro/formato do painel (variação de dimensões e formas para retratar uma única imagem).	*Mise-en-scène* (escolhas composicionais/movimento coreografado).
Narrativa estática sequencial.	Narrativa sequencial cinética.
Dispositivos de enquadramento (para mostrar passagem do tempo/movimento).	Metamorfose/condensação/associação simbólica.
Letreiramento (contexto e diálogos).	Diálogos/material descritivo apresentado visualmente.
Estilo visual.	Escolhas estéticas.
Convenções (recorte, encenação, efeitos sonoros, balões de fala e pensamento etc.).	*Layout*/trilha sonora/referência a convenções (utilização de signos visuais reconhecíveis etc. em movimento).

Fonte: Wells; Quinn; Mills, 2012.

Wells, Quinn e Mills (2012) explicam que, mesmo que a animação e o *graphic novel* estejam intimamente ligados à visualização de uma narrativa, a forma de expressão que dá base para cada uma delas é o que determina como uma ideia poderá ser retratada.

3.6 Desenho do personagem

Conforme Wells, Quinn e Mills (2012), para que uma figura seja animada de forma convincente, todos os ângulos do personagem devem ser considerados e desenhados, ainda que nem todos sejam utilizados. Geralmente, os *model sheets* apresentam cinco posições básicas, sendo as outras acrescentadas para refletir detalhes e outras perspectivas. Essas cinco posições são: (1) perspectiva frontal plena; (2) perspectiva frontal 3/4; (3) perfil; (4) perspectiva de costas 3/4; e (5) laterais.

Figura 3.1 – **Model sheet em cinco perspectivas**

O desenho permite ao artista que comunique sua visão pessoal sobre diferentes temas, com base em posicionamentos ideológicos e artísticos, levando assuntos da sociedade para reflexão popular por meio da arte. Desse modo, os artistas utilizam formas marginais a fim de enfrentar as normas sociais, culturais e estéticas, capturando memórias, sentimentos e experiências sociais que são retratados em desenhos e animações para gerar declarações formais sobre ideias e visões de mundo (Wells; Quinn; Mills, 2012).

Sobre o desenho a lápis, o animador Frédéric Back (citado por Wells; Quinn; Mills, 2012) afirma que o interesse visual é criado com base na textura e no método utilizado. Back conta que a ampliação de desenhos a lápis por meio de projeção demonstra toda a personalidade do traço e das cores e que adotou a prática de trabalhar na escala de 10 × 15 cm, pois percebeu que assim seu traço conferia mais textura.

Já Ollie Johnson (citado por Wells; Quinn; Mills, 2012), um dos principais nomes da Era de Ouro da Disney (1928-1942), afirma que a animação desenhada à mão é muito importante para o desenvolvimento do projeto. Essa prática está intimamente relacionada com o pensar sobre o processo e com a execução técnica das ações gráficas. Johnson sugere que o animador não procure ilustrar palavras ou movimentos mecânicos em seus trabalhos, e sim ideias ou pensamentos por meio da expressão de atitudes e ações do personagem. Dessa forma, é possível compreender as implicações de se desenhar para qualquer tipo de animação, já que é uma linguagem de expressão complexa.

3.7 Amadurecimento da observação para a representação gráfica

Para Wells, Quinn e Mills (2012), a observação é o processo de aprender a ver no qual o observador começa a compreender o comportamento físico e material das pessoas e dos ambientes. Nesse sentido, o desenho de observação torna-se crucial para a animação, ainda que esse esboço inicial não se assemelhe ao resultado final proposto.

Entende-se que o processo de observação pode ser realizado de três formas: jornalística, documental e experimental. A observação jornalística retrata uma reportagem pessoal. A documental, por sua vez, tem o objetivo de capturar o objeto ou o fato observado de maneira extremamente realística. Já a experimental consiste na participação da pessoa ou objeto observado no processo estabelecido para o desenho.

No desenho de observação, o artista deve utilizar todos os seus sentidos para captar e expressar o que realmente está à sua frente e, assim, registrar um gesto, uma ação relevante, uma postura, um ambiente em determinado horário, entre outras particularidades (Wells; Quinn; Mills, 2012).

Portanto, por meio do desenho de observação, o artista pode perceber com calma aspectos do mundo material que tendem a ser retratados de maneira padrão e preconcebida com desenhos e, assim, por meio uma experiência direta, analisar e descrever a forma real, podendo até antecipar a ideia de movimento que será aplicada à cena e transmitir sentimento.

A base para a observação e o desenho é a percepção pessoal do artista. A percepção pessoal está relacionada ao conhecimento de mundo e às referências visuais de cada um. A observação é inevitavelmente influenciada pelos conceitos preconcebidos advindos de memórias visuais. Segundo Wells, Quinn e Mills (2012), o artista deve reconhecer a própria percepção e não a objetividade fruto da observação. Desse modo, tecnicamente, a percepção e a representação de uma pessoa sob um foco de luz podem ser realizadas utilizando-se tipos diferentes de sombra:

- **endotrópica**, relativa ao sombreamento dentro e sobre a forma;
- **exotrópica**, relativa ao sombreamento externo que delineia a forma.

O uso de um ou outro tipo de sombreamento, por si só, já diferencia o mundo material da percepção do artista, que processa o que é visto em busca de interpretação e expressão artística.

No processo de animação, a construção das folhas de modelo (*model sheets*) permite o alinhamento da percepção de diferentes animadores quanto à concepção de um personagem, já que nelas são exemplificadas, em diferentes poses, sua relação com um determinado ambiente recorrente e expressões faciais (Wells; Quinn; Mills, 2012).

Em suma, a percepção está relacionada à cognição, no sentido de que é necessário ver para saber, e à imaginação, pois todo desenho tem o intuito de buscar uma exatidão física em relação ao que é criado na mente. Assim, entende-se que todo rabisco pode ser compreendido como uma expressão de um pensamento.

Além do mundo externo pela observação, as lembranças pessoais também são um grande acervo, fonte de inspiração para a expressão visual. Para Wells, Quinn e Mills (2012), a animação seria justamente uma cópia física da memória psicológica, não apenas pela forma pessoal com a qual o animador influencia a aparência da criação, mas também pelos seus gostos pessoais, pela influência de obras de arte, de outros artistas e gostos no geral, formados por memórias visuais, o que forma um estilo próprio. Ainda que o estilo próprio esteja relacionado às técnicas, este também se diz respeito à maneira como o animador dá sentido ao desenho e à animação valendo-se das próprias experiências e emoções.

A animação permite o aprofundamento do emocional no desenho por meio das técnicas de exagero e atenuação, expandindo a narrativa. Muitas animações não têm início, meio e fim definidos, mas ainda assim são dotadas de expressões visuais da memória e cumprem o papel de materializar a narrativa de um sentimento. Portanto, o desenho como veículo de registro sensorial de um momento funciona como um catalisador daquela memória. No âmbito do processo de produção da animação, esses registros se tornam lembretes de detalhes a serem desenvolvidos e refinados ao longo do projeto.

Como instrumento de visualização, o desenho é essencial para que o artista possa encontrar diferentes interpretações para suas ideias e pensamentos, desenvolvendo uma visão original que posteriormente ganhará movimento. Assim, o desenho auxilia na interpretação e no desenvolvimento da narrativa de forma clara. Desse modo, as histórias passam a demonstrar, por meio dos desenhos, a essência dos personagens e uma perspectiva sobre determinada pessoa ou lugar.

O desenho interpretativo deve corresponder ao estilo, à técnica e ao tema explorado, colaborando para a reflexão do público sobre situações e contextos. Para Wells, Quinn e Mills (2012), a representação é resultado da interpretação. Esse conceito é de grande importância sob a ótica do desenho, já que os artistas buscam reparar representações incompletas ou equivocadas da sociedade e da cultura destacadas na mídia.

O desenho representacional é concebido com base na ideia de que as convenções políticas, sociais e ideológicas em alguns casos são embutidas em um estilo de desenho, utilizando-o como forma de reforçar, desafiar, rever ou subverter seus princípios (Wells; Quinn; Mills, 2012). Dessa maneira, o desenho representacional é amplamente empregado nas animações, visto que, na maioria dos casos, estão comprometidas em desafiar as convenções do realismo e da ortodoxia sociocultural.

A observação também auxilia no processo de desenvolvimento do desenho com base na imitação. Segundo Wells, Quinn e Mills (2012), a imitação é um recurso que não deve ser entendido como cópia, já que o artista tende a refinar a inspiração inicial. Esse recurso pode ser utilizado para se observarem técnicas, estilos, estruturas e conteúdos que sirvam de referência principalmente na criação de ambientes e atmosferas em contextos históricos.

O desenho imitativo também pode demonstrar a transcrição de gêneros específicos. Na animação, por exemplo, pode-se adotar ou rejeitar o "estilo Disney", encarado como hiper-realista. No mundo todo, a estética e a técnica empregada no modelo industrial Disney são consideradas inspiração, seja para obter resultados semelhantes, seja para justamente propor contrapontos, valendo-se da criação de estéticas totalmente diferentes (Wells; Quinn; Mills, 2012).

Nesse sentido, o desenho imitativo pode ser encarado como um processo investigativo e interpretativo, no qual representa um atalho para a significação e a comunicação de ideias que se deseja passar ao público. Como já mencionado, o desenho, além de ser uma técnica artística, é uma forma de expressão. Essa forma de expressão é tão flexível que engloba diferentes abordagens e fomenta a criação diversa de experimentações durante o desenvolvimento de um trabalho (Wells; Quinn; Mills, 2012).

Seja de forma abstrata, seja de forma figurativa, a experimentação é uma prática essencial para o desenho. Na animação, ela auxilia no desenvolvimento de processos mentais preliminares e possibilita invenções. Além disso, envolve a repetição, a seleção e o refinamento de um desenho à medida que a percepção do animador é explorada. Assim, o desenho em construção é consolidado de ideias iniciais para uma interpretação experimental que pode funcionar em contextos distintos. Essa prática incentiva a inspiração e a construção de um estilo pessoal, sendo esta justamente a função do trabalho em *sketchbooks*. Assim, fantasias, influências, anedotas, ansiedades e toda a sorte de emoções são expressas.

Wells, Quinn e Mills (2012) afirmam, em síntese, que o desenho experimental não é estanque, ou seja, está submetido a processos de tentativa e erro à medida que as ideias surgem. Entende-se, pois, que não há certo ou errado, tampouco imposição de regras, critérios e rigor. Portanto, o artista é livre para explorar uma ideia valendo-se de diferentes aspectos, seja por meio de sua abordagem pessoal, seja por meio de determinada técnica ou estética.

3.8 O desenho em prática

A prática do desenho está implícita no modo como se visualiza e se trabalha qualquer objeto em 2D, o que permite maior flexibilidade na concepção do material, seja por meio de total abstração, seja até mesmo pela configuração realística do corpo do personagem e do ambiente. Logo, a prática pode ser entendida também como uma tradução ou adaptação dos recursos técnicos e psicológicos de criação abordados anteriormente.

3.8.1 Composição e perspectiva

Para a elaboração da composição e da perspectiva, o artista deve ater-se à prática do desenho de modelo vivo, e não do desenho com base na imaginação. Assim, torna-se possível estabelecer uma encenação mais eficaz da ação, caracterizada por movimentos mais dramáticos.

Para Wells, Quinn e Mills (2012), a perspectiva consiste em um conflito entre os hemisférios esquerdo e direito do cérebro. Ao desenhar uma mesa em perspectiva, os pés mais distantes são mais curtos, mas o lado lógico do cérebro tenta impedir que sejam reproduzidos assim, pois sabe que todos os pés são logicamente iguais e têm o mesmo comprimento, permitindo a estabilidade da mesa. Dessa maneira, torna-se de extrema importância que o lado direito do cérebro domine o esquerdo, a fim de que se possa desenhar com propriedade formas tridimensionais com base em sua crua observação.

3.8.2 Animação do movimento humano

A abordagem proposta por Joanna Quinn tem como base a seguinte máxima: ao desenhar a ação de um personagem, primeiro é necessário estudar essa ação por meio da observação de um modelo vivo antes de se iniciar o processo de animação. Esse estudo pode ser feito por meio da seguinte sequência de passos:

1. Solicitar que o modelo vivo repita continuamente o movimento e observar a ação completa várias vezes, procurando ater-se ao movimento de cada parte individual do corpo.
2. Tendo em vista uma boa compreensão do movimento, determinar suas posições-chave.
3. Solicitar que o modelo reproduza as posições principais e pare no meio do movimento, bem como criar alguns esboços rápidos.
4. Após o esboço das posições principais, analisar se o resultado tem lógica de movimento. É possível traçar percursos com base nos esboços? Caso seja necessário, cabe solicitar ao modelo que realize a ação novamente para fazer comparação com os registros.
5. Com base em uma linha central imaginária, verificar a distribuição de peso e o equilíbrio entre os lados.
6. Desenhar o percurso prestando atenção à posição dos pés. Quinn salienta que, embora estáticos em um movimento, os pés facilitam a percepção de força empregada na execução do movimento.
7. Verificar a distribuição do peso e o equilíbrio do corpo, dos ombros, do quadril e da cabeça em cada uma das posições-chave.
8. Usar linhas mais densas para indicar as áreas de maior peso.
9. Uma vez prontas as posições principais, solicitar ao modelo que execute novamente a ação para registrar o tempo de execução por meio de um cronômetro, obtendo-se, assim, um ponto de partida para a animação.

Os estudos valendo-se da observação de um modelo vivo possibilitam fazer um rápido avanço no processo de animação, uma vez que o animador poderá trabalhar diretamente com os registros que foram feitos. Os desenhos intermediários (*inbetweens*), por sua vez, podem ser desenvolvidos com base na imaginação do animador e também nas referências colhidas no estudo. Ainda assim, deve-se manter a proposta de esboço rápido, a fim de se avançar no processo.

Na animação tradicional, as posições principais e os desenhos intermediários podem ser analisados virando-se rapidamente as folhas de papel ou por meio da técnica fotográfica de câmera fixa para verificar se o movimento produzido é uniforme. Atualmente, programas de computador especializados em captura de imagem ou edição de vídeo já possibilitam o devido ajuste de tempo para a exibição de cada desenho na tela. Desse modo, torna-se fácil saber se há a necessidade de inserir ou descartar desenhos da trajetória.

A sequência deve ser retrabalhada inúmeras vezes até que esteja completa, sem a necessidade de se preocupar com detalhes e acabamentos; o momento é de criar um modelo de movimento bem-sucedido. Após a realização do movimento com sucesso, o animador começa a trabalhar a dramatização por meio de recursos de antecipação, caracterização e outros efeitos que conferem energia, ação e significado à sequência.

Os animadores costumam utilizar a abordagem do *walk cycle* para obter movimentos convincentes. Essa prática não depende de observação, já que consiste basicamente em técnica, porém ganha emoção e naturalidade quando associada à observação.

O desenho das partes do corpo é algo que pode ser realizado de diversas formas, seja considerando-se essencialmente o movimento, seja observando-se detalhes ou uma variedade de posturas que o corpo, como um todo, pode assumir.

3.8.3 Movimento e dinâmica

Para o animador lidar com a reprodução do movimento, é necessário reaprender ações que acontecem instintivamente. Cada movimento precisa ser analisado em busca de detalhes e complexidades particulares de cada situação.

A forma como uma pessoa caminha sobre a calçada de uma rua não é a mesma de quando caminha sobre a areia da praia. Logo, o que parece simples exige estudo para que seja retratado de maneira fiel ao mundo real, ainda que se utilizem recursos de exagero.

Além disso, as ações que antecedem movimentos principais precisam ser compreendidas na medida em que se deve considerar o devido equilíbrio e os efeitos da gravidade.

Como a gravidade puxa o ser humano para baixo, o ato de uma pessoa se levantar funciona como uma luta contra a gravidade, e sua musculatura auxilia no equilíbrio, mesmo que de forma inconsciente.

3.8.4 Linguagem corporal e *walk cycles*

O ser humano tanto executa os movimentos quanto interpreta as ações alheias de forma instintiva. Assim, por meio da observação, é possível notar sua idade, seu humor e sua personalidade, por exemplo. O animador deve recriar no processo de produção justamente essa natureza instintiva do ser humano, reproduzindo a linguagem corporal semelhante ao real, de modo que o público possa identificá-la e interpretá-la nos personagens.

A linguagem corporal é formada por um conjunto de sinais que consistem em uma maneira de se apresentar aos demais membros da sociedade. Um exemplo é o bater insistente do pé no chão ou o balançar de uma perna, que pode ser interpretado como um sinal de nervosismo e irritação, ou um gaguejar no meio da fala, que pode indicar nervosismo e até um sinal de que a pessoa está mentindo. Ainda que muitos desses sinais variem de cultura para cultura, é essencial que isso seja incluso no processo de animação.

Wells, Quinn e Mills (2012) estabelecem algumas regras básicas para o desenho do *walk cycle*. Segundo os autores, não se devem utilizar linhas retas – cada linha precisa ser adicionada de modo complementar às demais e curvada na direção certa. Além disso, não é indicado desenhar as articulações ou o corpo com base em círculos. Wells explica que o ideal é desenhar o tronco como a forma de um grão de feijão, acrescentando as pernas e os braços como um macarrão, por meio de formas contínuas. Assim, consegue-se criar uma base mais orgânica, com menos linhas retas, dando margem para o animador pensar o movimento de maneira mais solta, sem grandes preocupações quanto à estrutura anatômica.

Entende-se que o *walk cycle* é fundamental no desenvolvimento da expressão do movimento por proporcionar a prática de ações básicas antes da experimentação de coreografias elaboradas.

Wells, Quinn e Mills (2012) ainda comentam que alguns detalhes podem contribuir para que o ciclo de caminhada fique mais natural, como a aplicação de pequenas oscilações de cabeça que, conforme o ritmo, podem demonstrar uma caminhada tranquila ou apressada.

A animação tem uma linguagem que visa registrar a complexidade natural da expressão física. Esse conceito foi desenvolvido na Era de Ouro da Disney e aperfeiçoada por diversos animadores, como Glen Keane. Assim, pensar a animação consiste em buscar relação entre o movimento em si e sua razão.

Com o intuito de propor um caminho para o pensamento profundo sobre essas questões, Peter Parr (2018) aponta **dez princípios essenciais** a serem observados:

1. Referência: pesquisar profundamente o tema antes de escolher o estilo para a animação.
2. Linha e volume: criar uma técnica de linha rápida para representar volume.
3. Tonalidade e textura: aplicar tonalidade e textura obriga o olho a imitar a superfície do desenho.
4. Estrutura e peso: procurar os pontos de pressão e os ângulos no desenho antes de expandi-lo em detalhes.
5. Movimento e ritmo: manter a visão ampla sobre todas as partes do desenho, principalmente as que não são explícitas.
6. Gestual: estipular um único conceito para definir as características da figura. Por exemplo: otimista, pessimista ou determinado.
7. Energia: identificar a energia transmitida pelo desenho e amplificá-la antes de acrescentar qualquer outro detalhe.
8. Equilíbrio e composição: pensar na página inteira antes de planejar o equilíbrio do desenho sobre ela.

9. Narrativa e sequência: no intuito de demonstrar uma história pregressa ou um futuro para o desenho, procurar capturar um momento único no tempo.
10. Perspectiva: para criar o efeito de perspectiva, colocar em tamanho maior o que está em primeiro plano e em tamanho menor o que está mais distante. Assim, é possível criar o efeito de profundidade que permite ao espectador sentir-se entrando no desenho.

Keane (*citado por* Wells; Quinn; Mills, 2012) sugere também que o animador não procure ilustrar palavras ou movimentos mecânicos, devendo ter em mente as atitudes, as ações e os pensamentos do personagem. Para as atitudes, a técnica de comprimir e expandir (*squash and stretch*) o corpo todo pode ajudar a obter o efeito desejado. Criar mudanças definitivas de uma atitude para a outra, alterando a expressão facial, tende a ser um bom meio de evidenciar mudanças de humor.

Além disso, a fim de se produzir um conjunto coeso, Keane (citado por Wells; Quinn; Mills, 2012, p. 65) recomenda: "tudo tem sua função. Não desenhe nada sem saber por quê". É preciso preparar a cena considerando-se os planos e os enquadramentos ideais para que o desenho seja o mais eficaz possível na mensagem a ser transmitida.

3.8.5 Desenhando personagens

Com base no desenho dos personagens, todas as diretrizes conceituais já citadas podem ser exploradas mais profundamente conforme o propósito da sequência. Dessa forma, o *walk cycle* funciona como uma base inicial para outros *walk cycle*s mais caracterizados, imprimindo a dramaticidade da cena e a personalidade do personagem.

Nesse momento, o desenho da forma torna-se mais importante, uma vez que o personagem deve ser mais bem definido, bem como suas emoções, sua postura, sua energia e sua velocidade. Como no mundo real diferentes partes do corpo se movem em tempos diferentes ao longo de uma caminhada, cada personagem tende a ter um tempo peculiar, que pode ser definido por meio do recurso do exagero, de acordo com a perspectiva a ser observada. Isso varia conforme o estado emocional da caminhada, que pode ser determinada, ambiciosa, eufórica, otimista ou deprimida, o que requer diferentes desenhos. Um corpo cansado, por exemplo, terá um movimento arrastado de pernas, com maior lentidão e expressão facial agitada. Já um bêbado não tem controle sobre seus movimentos, requerendo pouca precisão e firmeza nas pernas.

Para dar vida a um personagem, é essencial que o tempo de suas ações individuais seja planejado para se obter o melhor efeito, do contrário, todo o trabalho terá sido em vão. O espectador pode não notar o movimento ou até mesmo ter a percepção errada do que está sendo transmitido, o que tornará a sequência incoerente. Por isso, os intervalos entre as ações são importantes para que a devida sincronização das poses principais seja clara o suficiente, definidas pela oposição, tornando a cena muito mais interessante (Wells; Quinn; Mills, 2012).

O propósito de cada movimento deve ser identificado para se trabalhar com a sincronização. Assim, o tempo da primeira passada e das seguintes vai envolver o devido balanço e a oscilação atrasada da cabeça, dos cabelos etc. Verificar o arco de movimento do início até o fim permite identificar o centro de equilíbrio do desenho; dessa maneira, caso se precise elaborar uma caída do personagem, para a frente ou para trás, é necessário saber qual é seu centro de gravidade. Esse tipo de ação requer menos expressão emocional e mais expressão física.

Nesse sentido, os desenhos são trabalhados e retrabalhados para que alcancem a execução ideal dos princípios. Todos os desenhos são considerados como parte de um processo, isto é, nenhum é definitivo ou mais importante do que o outro. Todos formam um conjunto que deve ser coerente e coeso em seu propósito e desenvolvimento.

Um recurso importante para identificar os arcos de movimento e obter maior definição é a mímica. Essa técnica utiliza os movimentos corporais do ator para descrever o movimento. Assim, o arremessar de uma bola, por exemplo, deve demonstrar o percurso não só da bola com as mãos e os braços, mas também todo o acompanhamento dos membros, a flexão do tronco e a forma com que os olhos e a cabeça acompanham a ação. A cena se torna, então, um momento de dramatização, o que é vital para a construção do movimento complexo pelo animador.

Desse modo, a animação garante detalhes essenciais antes de receber a sincronia labial (*lip-sync*). Wells, Quinn e Mills (2012) explicam que a sincronia labial não se refere apenas aos movimentos da boca conforme o diálogo proposto, mas também à atuação do corpo e do rosto como um todo, visto que a boca pode se movimentar expressando diferentes emoções ainda que não esteja se comunicando verbalmente.

Primeiro, determina-se a expressão corporal para em seguida trabalhar as expressões faciais e o olhar do personagem. Em outro momento, trabalha-se a boca, a última a ser sincronizada após o devido aperfeiçoamento do tempo geral e dos gestos corporais. A trilha sonora deve caminhar juntamente com os desenhos principais, sendo esta determinante para a definição das poses principais.

Retratar emoções e estados físicos exige atenção especial ao corpo, às sobrancelhas, aos olhos, à boca e à testa. Assim, a utilização de um modelo vivo faz-se muito útil para verificar a transição de expressões, bem como observar o movimento da boca na pronúncia de vogais e consoantes.

Para o animador especializado em personagens, o registro da expressão facial e do movimento físico é extremamente importante para dar base à construção do personagem. Muitos profissionais estudam primeiramente o movimento dos animais, que expressam de forma pura suas expressões por meio do corpo e de suas ações (Wells; Quinn; Mills, 2012).

Em roteiros tradicionais, o personagem, quando é um ser humano, recebe um perfil destrinchado, no qual as ações e os diálogos previstos para ele na história podem ser compreendidos. Com base nesse perfil, o animador pode construir, por meio de esboços de ação, nos *model sheets*, conceitos mais específicos de reação do personagem. Como a caracterização do personagem é o que determina sua identidade, traduzir traços da personalidade no desenho faz com que sua figura seja facilmente reconhecível pelo público.

Em posse da trilha sonora, o animador deve identificar as palavras ou sons mais expressivos para destacá-los no planejamento das ações do personagem. Nesse momento, anotações são feitas na ficha de animação (*x-sheet*) para auxiliar nesse processo, já que a sincronização adequada das ações guiará a fala. Desse modo, uma vez que os desenhos estão sincronizados, os movimentos da boca são executados, assim como os demais movimentos complementares da cabeça e dos outros elementos (Wells; Quinn; Mills, 2012).

Cabe ressaltar que todo o processo de animação requer constante consulta aos desenhos preliminares de desenvolvimento. Logo, nenhuma fase é completamente independente. Todas se interligam e ocorrem em paralelo, ajustando-se para melhor compor o projeto.

LightField Studios/Shutterstock

CAPÍTULO 4

A PERSONALIDADE EXPRESSA NA COR E NO MOVIMENTO DO CORPO

Compreende-se que, após a formulação da ideia inicial, o desenvolvimento da paleta de cores ocorre de forma paralela ao processo de concepção dos personagens. Tanto a paleta de cores (*key colors*) quanto os desenhos modelos (*model sheets*) serão elaborados e sintetizados no guia de estilo visual (*visual style guide*) pelo diretor de arte, pelos artistas e pelos estilistas de cor.

Neste capítulo, abordaremos a aplicação da cor como recurso visual de apoio à narrativa, bem como uma visão mais profunda a respeito da confecção de ciclos de caminhada e corrida de personagens.

4.1 Cor

Sendo o traço imaginário, já que os objetos no mundo real não têm contorno, é necessário criá-lo em nossa mente para representá-lo nos desenhos. A cor, por sua vez, é visível e presente em nosso dia a dia, sendo importante para nos orientar visualmente. Na animação, o desafio é justamente atribuir cores e criar volume, luz e sombra para gerar noção de espaço.

Segundo Pedrosa (2014, p. 20), a cor é "apenas sensação produzida por certas organizações nervosas sob a ação da luz, ou seja, só há cor se há luz". Tal afirmativa está embasada no experimento do prisma. Ao se expor um prisma à luz solar, ele refrata a luz formando um "arco-íris", o que mostra que a luz solar contém todas as cores do espectro visível.

Figura 4.1 – **Prisma sob a luz solar formando um "arco-íris"**

Kolonko/Shutterstock

Esse espectro visível é formado por uma infinidade de cores, que podem ser categorizadas segundo diferentes sistemas com aplicações específicas. No geral, os sistemas separam as cores entre primárias e secundárias. As **primárias** consistem em cores que não são fruto da mistura de outras cores; já as **secundárias** são fruto da combinação entre cores primárias.

Como luz, a cor configura o sistema de síntese aditiva, utilizado em fontes de luz, como telas de computador, celulares e televisão, refletores, lanternas, projeções, entre outros. Esse sistema é formado pelas cores primárias vermelho, verde e azul – o RGB (*red*, *green*, *blue*) –, que, sobrepostas, formam outras cores, as secundárias. Nesse caso, entende-se que a soma de todas as cores resulta no branco, forma mais intensa de luz, enquanto a ausência de cores é justamente o preto, pois não há luz sendo refletida nem propagada.

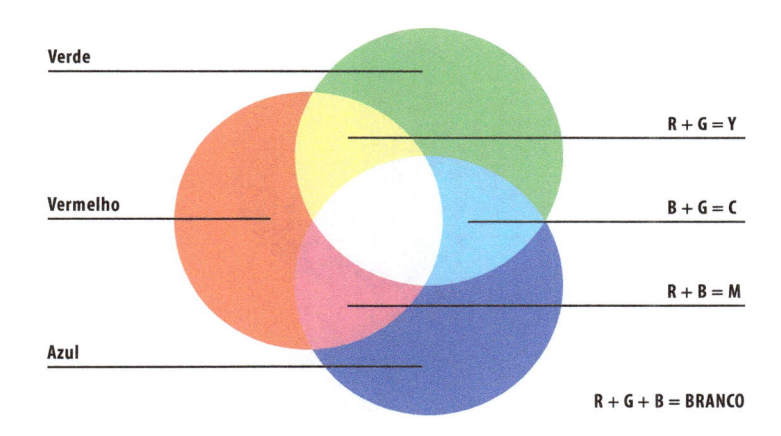

Figura 4.2 – **Síntese aditiva – escala RGB**

Verde

Vermelho

Azul

R + G = Y

B + G = C

R + B = M

R + G + B = BRANCO

Como pigmento, a cor configura o sistema de síntese subtrativa. Nesse âmbito, há a escala RYB e a escala CMY ou Europa. Na escala RYB, as cores são representadas em tintas opacas não translúcidas. Esse sistema é formado pelas cores primárias azul, amarelo e vermelho e tem relação com as tintas utilizadas em pinturas artísticas.

Figura 4.3 – **Síntese subtrativa – escala RYB**

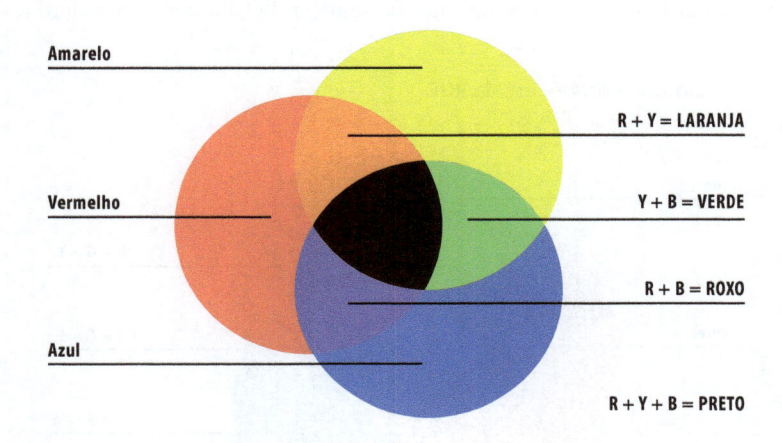

Amarelo

R + Y = LARANJA

Vermelho

Y + B = VERDE

R + B = ROXO

Azul

R + Y + B = PRETO

Já na escala CMY ou Europa, as cores são representadas por pigmentos translúcidos. Esse sistema é formado pelas cores primárias ciano, magenta e amarelo.

Entende-se que, na síntese subtrativa, ao contrário da aditiva, a soma de todas as cores forma o preto, e a ausência de cores é o branco. Como a soma das cores da escala CMY não gera um tom preto puro, tendendo para marrom ou verde escuro, costuma-se associar esse tom a um pigmento preto no intuito de garantir a correta tonalidade da cor, formando a conhecida escala CMYK, amplamente utilizada nas artes gráficas.

Figura 4.4 – **Síntese subtrativa – escala CMY**

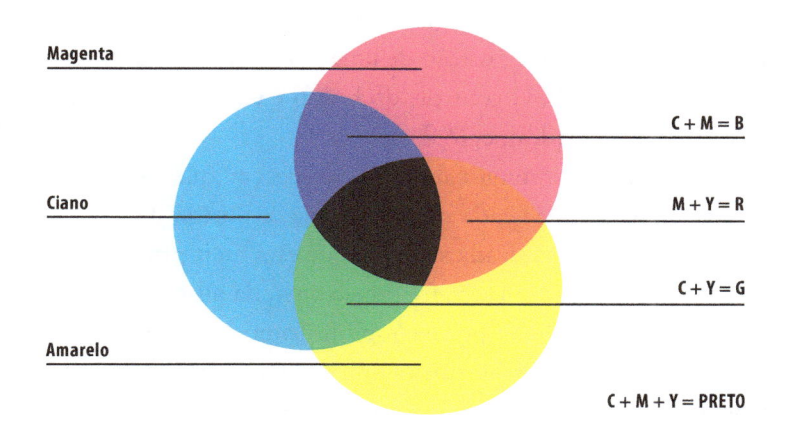

Magenta

Ciano

Amarelo

C + M = B

M + Y = R

C + Y = G

C + M + Y = PRETO

Nas produções audiovisuais, a cor está presente em todos os elementos, na iluminação da cena e até mesmo em sua transição. Uma cena sem qualquer índice de perigo pode obter aspecto tenebroso apenas pela coloração de sua iluminação. Logo, compreende-se que é de extrema importância ter domínio sobre seus possíveis significados, aplicações e efeitos sobre os espectadores. As cores podem ser analisadas com base em três características: matiz, brilho e saturação.

Por meio da visão, o ser humano percebe e reconhece os estímulos provocados pelos feixes de luz. Esse estímulo é chamado de **matiz** e é compreendido como a cor em sua essência (amarelo, laranja, azul, verde, violeta, vermelho etc.), sem o branco ou o preto agregado. Segundo Heller (2012), a matiz é obtida pela mistura de poucas cores, no máximo três, pois se entende que misturas excessivas causam um resultado cromático extremamente turvo.

O **brilho**, por sua vez, consiste na adição de branco ou preto à cor matiz. Assim, é a posição de uma cor em relação à escala de cinza (Block, 2010). O controle do brilho é extremamente importante para o enquadramento das cenas.

Já a **saturação** é uma característica da cor que se relaciona com a intensidade de cada matiz, ou seja, a pureza da cor. Uma cor extremamente saturada significa que está mais próxima a sua essência, a seu matiz, ou seja, foi pouco ou nada misturada a outro matiz (vermelho 100%, por exemplo). Como uma forma de dessaturar uma cor, sugere-se adicionar a ela o tom oposto no círculo cromático, isto é, sua cor complementar. Quanto mais se adiciona, mais neutra se torna a cor.

Com base em suas pesquisas, Heller (2012) constatou a eficiência de regras básicas sobre o efeito das cores. A mesma cor causa efeitos diferentes ao ser combinada a outras cores. Além disso, qualquer cor combinada ao preto tem seu significado positivo convertido em negativo. Logo, podemos concluir que, na escolha para a formação da paleta de cores de uma animação, deve-se sempre pensar na união de uma cor com outra e em seus significados. Desse modo, é possível propor combinações eficientes, coerentes e coesas para todo o projeto gráfico.

4.1.1 A cor como suporte narrativo

A cor é um recurso visual cuja forma apresenta muitas variantes. Ainda que se possa associar cores, tons e paletas de cor a características, ações e emoções, cada indivíduo os compreende de acordo com suas experiências pessoais e coletivas. Assim, a cor exerce um importante papel na comunicação.

A indústria cinematográfica costuma utilizar esse recurso de comunicação associado a outras técnicas para sinalizar visualmente determinados pontos da narrativa para que o espectador compreenda inconscientemente o ritmo e a transição das cenas. O uso da alternância de paletas de cores em uma sequência de cenas enfatiza a transição de um contexto para outro, além de destacar determinados elementos importantes da cena – por exemplo, o tempo, por meio de um amanhecer mais claro e laranja ou de um anoitecer mais escuro e azul; emoções de um personagem que pode ficar com os olhos vermelhos de raiva ou com as bochechas rosas de timidez.

A cor exerce grande influência em nossa vida na medida em que, muitas vezes, é ela que define nossa percepção de mundo, seja dos objetos a nossa volta, seja dos ambientes nos quais estamos inseridos, seja até mesmo em relação a nossos gostos pessoais de vestimenta, alimentos e entretenimento. Segundo Heller (2014), trata-se de "vivências comuns que, desde a infância, foram ficando profundamente enraizadas em nossa linguagem e nosso pensamento". A cor, ainda que compreendida sob diferentes interpretações pessoais e coletivas, não é isenta de significado. Esses significados estão associados a convenções que vêm sendo cultivadas ao longo do tempo, sendo grande parte delas inicialmente inspirada na natureza e associada a costumes culturais específicos de cada região do mundo.

O conjunto de cores selecionadas para a utilização em uma animação forma uma **paleta de cores**. Essa paleta cria, por si só, uma identidade, a obra que tem o poder de influenciar toda a experiência subjetiva do espectador em face de determinada cena, seja para pontuar uma mudança de clima, seja para indicar características dos personagens, seja até mesmo para enfatizar transições de cena. Existem diversas denominações de escalas de cor com base em diferentes tipos de aplicação e, embora cada profissional tenha suas preferências, a alternância de paletas ao longo das cenas é amplamente difundida.

A cor na narrativa pode se entrelaçar com outros elementos, como os diálogos, a trilha sonora e o ritmo, que contribuem para enfatizar a intenção da colorização. De posse do conhecimento sobre a teoria das cores, os artistas ganham tempo na produção de cenas harmoniosas cromaticamente. Essa harmonia ocorre quando se realiza o devido estudo das cores na confecção da paleta, considerando-se o equilíbrio e o conforto visual.

Nesse ponto, a tecnologia vem sendo uma aliada nas produções de cinema, pois os filtros de cores das câmeras digitais facilitam a correção de tons e contrastes nas cenas. Logo, um processo antes manual, por meio da colorização por tinta de cada quadro (*frame*) em acetato, hoje conta com recursos em programas de computador dedicados que garantem a colorização consistente ao longo de toda a obra, ou seja, sem mudanças bruscas de cor.

Na atualidade, percebe-se uma tendência na utilização das cores azul e laranja como base cromática. Essa prática tem o objetivo de criar contrastes interessantes. O tom quente próximo ao laranja predomina na pele humana; já o azul é uma cor oposta ou complementar que garante o devido contraste.

4.1.2 Desenvolvimento histórico da cor na animação

Desde os primeiros trabalhos limitados à linha e ao preto, ao branco e ao cinza até os dias atuais, com os modernos programas de colorização digital, o cinema de animação sempre esteve a par dos avanços tecnológicos ao longo da história. Nas primeiras animações, *Humorous Phases of Funny Faces* (1906) e *Fantasmagorie* (1908), a grande novidade era justamente a impressão de movimento gerada pelas linhas desenhadas sobre um plano. Após esse advento, uma série de experiências foram realizadas a fim de trazer cor às animações.

Em 1920, em *The Debut of Thomas Cat*, de Earl Hurd, experimentou-se o processo de Brewster Color, que consistia em integrar duas cores. Em 1926, em *As aventuras do príncipe Achmed*, de Lotte Reiniger, utilizaram-se fotogramas tintados que permitiam criar a ilusão de mudanças cronológicas ou espaciais. Esse processo de tintura era feito por meio da imersão da impressão positiva em um banho de tinta de fragmentos cortados da cena, que era reconstruída em seguida, após o processo (Hanssen, 2006).

Em 1930, em *Fiddlesticks*, de Ub Iwerks, já se aplicava o conceito de cores complementares nos personagens. A animação conta com um sapo que toca piano e um rato que toca violino, ambos em verde e vermelho, destacando-se no cenário predominantemente bege (Tudela, 2020).

Fiddlesticks é o segundo filme a cores, sendo o primeiro a empregar a tecnologia Technicolor, ainda que restrito a apenas duas cores. Nessa animação, usaram-se duas cores primárias, o vermelho e o verde, além de tons de castanho e bege. Com base na análise da obra, é possível compreender a necessidade de escolher devidamente os tons, pois aqui o personagem principal recebe o tom verde, assim como a vegetação, sendo os demais tons contrapontos, aspecto que consistia em limitação tecnológica e permitia a expansão criativa para além do óbvio, o que pode ser um caminho para a escolha conceitual da paleta de um projeto.

Em 1932, *Flowers and Trees*, dos Estúdios Disney, contou com a tecnologia Technicolor já aprimorada, isto é, as imagens foram processadas em três cores, vermelho, verde e azul, formando-se a escala RGB como a conhecemos até hoje. Nessa animação, o antagonista é destacado com menor saturação de cores, um cinza escuro, criando contraste com o restante dos personagens e do cenário, apresentados com tons mais saturados de verde, castanho e vermelho.

O Technicolor foi amplamente utilizado pela Disney, estando presente no primeiro longa-metragem de animação, *Branca de Neve e os Sete Anões* (1937). A riqueza cromática proporcionada por essa tecnologia resultou em maior profundidade. Nessa obra, houve um grande estudo cromático para a coloração dos elementos principais. A Branca de Neve utiliza as cores azul e amarelo, associadas à alegria e à inocência, enquanto a rainha má ganha tonalidades de verde e roxo, associadas à obscuridade e à nocividade (Heller, 2014).

A partir de 1943, o estúdio United Productions of America (UPA), fundado por artistas e animadores que haviam deixado os Estúdios Disney, veio a produzir uma série de curtas e filmes animados que exploravam outras técnicas além do modelo Disney, evidenciando a plasticidade e a expressividade por meio da exploração da geometria das formas e do movimento.

A expressividade era explorada principalmente pelo contraste de cores planas e pelo simples uso da omissão cromática para enfatizar o movimento e a narrativa visual, por meio de linhas e formas geométricas em preto e branco. Assim, entende-se que havia um uso mais refinado das restrições de paleta, gerando uma síntese visual diferenciada. A expressividade proposta pelo estúdio UPA veio a ser utilizada por outros estúdios de animação, como Disney e Cartoon Network, tornando-se um novo "padrão".

Até então, todas as animações utilizavam técnicas com base em processos manuais. Em meados de 1995, o longa-metragem *Toy Story*, da Pixar, foi o primeiro a usar elementos digitais, CGI e 3D gerados por computador na construção e produção de animação.

4.1.3 **Color script**

Durante a fase de pré-produção, a narrativa e o enredo são elaborados mais detalhadamente por meio da escrita do *script*, que guiará o projeto e a criação do *storyboard*. Assim, essas ferramentas suprem a necessidade de uma rápida resposta às adversidades que surgem no decorrer do projeto de animação.

Com o advento da película cromática, a exploração das cores como suporte para a narrativa visual ganhou relevância, trazendo a necessidade de se estudar mais detalhadamente a aplicação da cor e da luz para o projeto. Durante anos, diversas técnicas foram utilizadas para esse fim e hoje, aprimoradas, são sintetizadas pela ferramenta *color script*.

Primeiro, os *concept arts* estudavam as cores de forma isolada e por meio da aplicação em quadros (*frames*), como podemos ver em *Fantasia*, dos Estúdios Disney (Algar et al., 1940). Já o estúdio UPA trabalhava com o conceito de panorâmicas cromáticas em seus curtas animados, aproximando-se do conceito de *color scripts* utilizado pela Pixar.

Figura 4.5 – **Estudos de cor do filme *Fantasia*, dos Estúdios Disney**

FANTASIA. Direção: James Algar, Wilfred Jackson, Ben Sharpsteen, Samuel Armstrong, Ford Beebe, Norman Ferguson, Jim Handley, T. Hee, Hamilton Luske, Bill Roberts, Paul Satterfield. EUA: Walt Disney Animation Studios, 1940. 125 min.

Ralph Eggleston (1965-2022) desenvolveu o conceito e a técnica do *color script* durante a produção do filme *Toy Story* (Amidi, 2011; Lasseter, 1995). Segundo Amidi (2011), dependendo do projeto, o *color script* pode assumir características semelhantes a um *storyboard*, utilizando painéis desenhados ou panorâmicas contínuas para evidenciar harmonia, contraste e diálogo nas cores e na luz, dando suporte à narrativa.

O principal objetivo da confecção do *color script* é servir para visualizar toda a aplicação de cores do projeto por meio de estudos das sequências de cor que possibilitam a exploração de uma linguagem visual emotiva na narrativa.

Os esquemas cromáticos têm um papel fundamental de suporte à narrativa audiovisual, pois ajudam a caracterizar ideias e emoções. O *color script* permite a visualização cromática da animação em sua totalidade.

4.2 Cor associativa e cor transitória

Cada cultura tem seus simbolismos, seus valores morais e éticos. No caso da associação das cores a significados, não é diferente. Cada cultura tem um valor simbólico para cada cor. Porém, apesar da questão cultural, há uma categorização semiótica das cores que estabelece nomenclaturas e padrões cromáticos, determinando tons de branco, cinza, preto, amarelo, laranja, vermelho, violeta, azul e verde.

Heller (2014) explica que muito do significado das cores reflete a impressão causada por elas em determinados contextos. Assim, no caso da animação, as características cromáticas têm grande relevância na transmissão da narrativa.

4.2.1 Cor associativa

Na produção de animação, geralmente se associam determinados padrões cromáticos a certos personagens, objetos ou ambientes. Dessa forma, cria-se uma identidade com base na coloração que auxilia na distinção do elemento em relação ao resto da animação. Essa prática é usada de maneira proposital, principalmente no que tange aos personagens e à sua aparência, seja com base nos tons de sua pele ou pelagem, seja pelas cores de suas roupas e acessórios. Logo, é bastante comum estabelecer um padrão para esses adornos ao longo do filme e até mesmo em séries.

O uso da cor associada é uma poderosa ferramenta visual que auxilia na fácil identificação da obra e do personagem pelo espectador. Para a sua aplicação, deve-se considerar a intenção simbólica da cor no contexto cultural em que a obra será inserida, além de sua coerência com a narrativa.

Como exemplo de aplicação de cor associada, destacamos a escolha cromática da série animada *As Meninas Super Poderosas* (McCracken; Savino, 1994). Na série, as protagonistas Florzinha, Lindinha e Docinho são diferenciadas por meio da associação das cores rosa, azul e verde, respectivamente, que expressam características comportamentais de cada uma. Essas cores surgem também como contraponto ao padrão cromático estabelecido para os personagens da série, que apresentam contornos e detalhes em preto associados a tons de pele com variações de bege. Dessa forma, há uma fácil identificação de cada uma das personagens por meio das cores.

Figura 4.6 – **As Meninas Super Poderosas**

AS MENINAS SUPERPODEROSAS. **Minisódios do As Meninas Superpoderosas!** 5 jan. 2017. Disponível em: https://www.youtube.com/watch?v=JqOFroyGVRU. Acesso em: 20 dez. 2022.

Outro exemplo interessante da aplicação de cor associada ocorre no filme *A Bela Adormecida*. Ainda que a Rainha Má não tenha a cor verde em seus trajes e acessórios, essa cor aparece em todas as cenas em que ela está presente, representando algo tóxico e sinistro. Logo, entende-se que nem sempre a cor associada precisa estar dentro da coloração do personagem, tendo em vista que pode ser aplicada a elementos de cena que compõem um significado associado ao personagem e às suas ações (Tudela, 2020; Geronimi, 1961).

Figura 4.7 – **Cena da Rainha Má em *A Bela Adormecida***

Não existe uma fórmula pronta ou característica inerente à atribuição das cores, porém eventualmente alguns padrões culturais e psicológicos podem ser seguidos (Heller, 2014).

Com relação à aplicação de cores em ambientes do cenário, geralmente se separam as cores quentes e frias, claras e escuras, determinando por meio delas a carga emotiva alegre, triste ou agressiva, a altura do dia (manhã, tarde ou noite) e até mesmo a temperatura do ambiente. Esse tipo de associação de cor é o mais difundido em termos de padrão, sendo imediatamente reconhecido e interpretado pelo espectador.

4.2.2 **Cor transitória**

Além de ser utilizada de forma associativa para a distinção de personagens, cenários e demais elementos, a cor pode também ser aplicada de maneira estratégica na transição de cenas como um estímulo visual. Assim, a transição pode sugerir espaço, tempo e emoção à medida que há alteração na tonalidade das cores empregadas.

As transições cromáticas podem assumir diferentes objetivos narrativos conforme os contrastes e as combinações cromáticas. Um dos principais exemplos é a transição de dia para noite, na qual há um claro contraste entre cores claras e quentes e cores escuras e frias.

Em *A Bela Adormecida*, os cenários entre o início e o fim do filme apresentam grande contraste: inicialmente, são alegres e têm coloração vibrante e saturada e, depois, são tomados por tons mais escuros e monótonos. Dessa forma, é possível demonstrar por meio da mudança de cor nos ambientes e até mesmo dos personagens as emoções e o desenvolvimento psicológico da narrativa.

4.3 **A personalidade no movimento**

Williams (2019) explica que, diferentemente de escultores, ilustradores e desenhistas artísticos, os animadores não desenham de dentro para fora, isto é, tendem a traçar apenas os contornos externos, como em um livro de colorir. O autor afirma que os animadores têm uma visão linear da anatomia, ainda que utilizem a prática do modelo-vivo como base para alguns trabalhos. Desse modo, fazem-se necessários o estudo e o aprimoramento de técnicas de desenho pelo ponto de vista escultural a fim de se obter ampla visão para desenvolver trabalhos mais realistas.

Figura 4.8 – **Anatomia pelo ponto de vista escultural**

Williams (2012) aponta que há o mito de que "desenhar engraçado já é o bastante" para se produzir uma animação e acrescenta que essa concepção ainda persiste na área em virtude da grande inventividade e capacidade de dramatização dos primeiros animadores, que se concentravam em aspectos da atuação do personagem, uma vez que não tinham habilidades sofisticadas de desenho.

O ato de desenhar não consiste apenas em copiar a superfície; o desenho está intimamente relacionado à captação e à compreensão da expressão. Desenhar a anatomia humana ou animal vai além de desenhar sofisticadamente articulações e músculos que formam o corpo. O objetivo é imprimir uma realidade que a câmera fotográfica não consegue captar, como aspectos de personalidade.

O desenho caricato foca justamente a personalidade, utilizando o exagero para destacá-la à medida que se distancia do realismo em termos de forma. Esse fato pode ser observado claramente em animais de desenhos animados. Em grande parte dos casos, eles têm mais personalidade, geralmente um misto de aspectos humanos e animais, do que a forma animal em si. Muitos esquecem que o Frajola é um gato em razão dos traços pouco realistas e da personalidade exagerada.

Para que os espectadores possam compreender esses personagens como humanos ou animais, apesar do desenho pouco realista, os movimentos devem ser razoavelmente realistas. Logo, ainda que se desenhe de forma caricata, o realismo deve ser trabalhado no ato de animar. Williams (2012) salienta que o objetivo não é necessariamente imprimir realismo, e sim alcançar credibilidade.

Portanto, estuda-se amplamente a criação de ciclos de caminhada e corrida, a fim de se obter um movimento de fácil compreensão por parte do espectador. Mesmo que ele perceba não ser algo próximo ao natural, deve poder acompanhar visualmente o movimento proposto sem que isso comprometa o foco na narrativa.

4.3.1 Desenvolvendo um ciclo de caminhada ou *walk cycle*

Como abordamos no capítulo anterior, ao tratarmos do processo criativo de desenho dos personagens, a caminhada é o principal e mais difícil movimento de ser reproduzido. Aprender a desenvolver boas caminhadas de todos os tipos dá base para o animador realizar outros movimentos. Williams (2012) define um ciclo de caminhada formado por cinco poses.

Em uma caminhada, as pessoas tendem a se inclinar e há uma série de poses encadeadas subjacentes. O pé que "empurra" o chão faz com que a pélvis, o corpo e a cabeça se levantem no sentido de seu ponto mais alto. A perna é projetada para a frente, a fim de garantir sustentação no contato com o chão e evitar quedas. Na animação, assim como na vida real, deve-se considerar a seguinte máxima: quanto mais lenta a caminhada, mais equilíbrio o corpo tem. O contrário também é válido: quanto mais rápida a caminhada, menos equilíbrio (Williams, 2012).

Assim, o corpo pesa sobre os joelhos logo após o contato com o chão, fazendo-os descer um pouco mais. Após a pose de passagem, o corpo deixa de exercer peso sobre os joelhos e, então, eles sobem.

O ritmo é um aspecto importante na caminhada. Williams (2012) comenta que a grande maioria das pessoas anda em ritmo de marcha, o que seria equivalente a um passo a cada 12 quadros ou dois passos por segundo.

Para o projeto da caminhada, o autor sugere a relação de um passo a cada 8 ou 16 quadros, ou seja, três passos por segundo, cada passo com duração de 2/3 de um segundo.

Desse modo, o autor estabelece uma relação entre o ritmo da caminhada e o número de quadros por segundo, formando um compasso:

1. 4 quadros = 6 passos por segundo – uma corrida bem rápida.
2. 6 quadros = 4 passos por segundo – uma corrida ou uma caminhada bem rápida.
3. 8 quadros = 3 passos por segundo – corrida lenta ou caminhada caricata.
4. 12 quadros = 2 passos por segundo – caminhada vigorosa de um dia de negócios – "natural".
5. 16 quadros = 2/3 de segundo por passo – passeio sem pressa.
6. 20 quadros = um pouco menos que um segundo por passo – pessoa idosa ou cansada.
7. 24 quadros = 1 passo por segundo – passo lento.
8. 32 quadros = passo extremamente lento.

Como já mencionamos, o cronômetro se mostra um bom aliado para o planejamento de uma caminhada. Com o uso do cronômetro, o animador pode encontrar o tempo ideal para uma caminhada por meio da medição de uma simulação da cena. A observação da ação desempenhada por uma pessoa pode ser de grande ajuda para identificar não só o ritmo ideal, mas também detalhes do movimento que podem ser incorporados na animação.

Em animações musicais, tende-se a estabelecer um ritmo que possa fluir com a trilha sonora. Esta, por sua vez, pode ser elaborada antes da construção rítmica ou após, com base no que foi predeterminado pelo animador. Esse ritmo musical extremamente sincronizado é conhecido como *Mickey Mousing*, já que a técnica é amplamente utilizada pelos Estúdios Disney. Williams (2012) considera essa prática banal para os dias atuais, mas reconhece que é extremamente eficaz.

No projeto de caminhadas, entende-se que a melhor forma de começar é por meio de desenhos simples que progridam para a frente, pois assim é mais fácil de se executar um primeiro rascunho que depois será aprimorado por meio de testes e ajustes. Não é recomendado criar um ciclo em que o personagem anda sem sair do lugar. Isso torna a animação extremamente engessada e técnica.

No geral, os ciclos de caminhada seguem um mesmo padrão mecânico no que se refere ao movimento dos pés e do corpo. O que tende a variar são os movimentos dos braços e da cabeça, por isso a sugestão é animar essas partes separadamente. Como forma de propor uma caminhada diferenciada, mais expressiva e coerente com o contexto da cena, utiliza-se a prática dos três desenhos para a construção inicial de uma caminhada.

Conforme Williams (2012), a técnica dos três desenhos consiste em desenhar as duas poses de contato com o chão e, em seguida, colocar uma pose entre elas, a pose de passagem. Essa pose de passagem pode ser concebida com o personagem disposto em diferentes posturas. Logo, como vemos na Figura 4.9, a seguir, ainda que as poses de contato sejam as mesmas, a simples alteração da posição do meio gera uma caminhada totalmente diferente.

Dessa forma, é possível criar uma caminhada para personagens de diferentes personalidades, simular quase quedas, tropeções, curvas, viradas e outros movimentos para os mais diversos contextos narrativos.

Figura 4.9 – **Caminhada de personagens de diferentes personalidades**

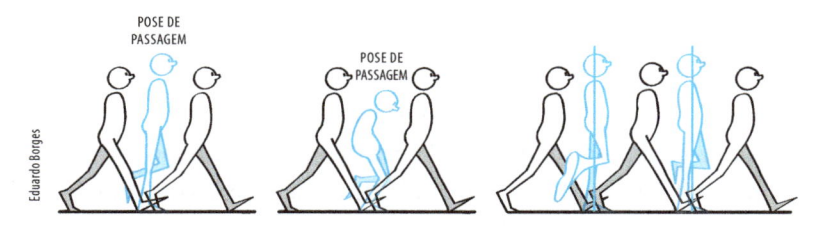

Fonte: Elaborado com base em Williams, 2012.

Além dessas variações de posição, é possível diversificar mãos, pés, braços e cabeça e, ainda, conferir flexibilidade ao corpo, seja alongando-o, seja achatando-o. Essa prática de alongamento e achatamento é amplamente utilizada quando se deseja propor o movimento mais caricato de um personagem pesado com uma grande barriga.

Figura 4.10 – **Movimento de caminhada de um personagem pesado**

Milt Kahl costumava aplicar essa técnica das três poses da seguinte forma: primeiro, desenham-se as poses de contato, de modo que os pés tocam o chão ainda sem peso sobre eles; em seguida, desenha-se a pose média para a cabeça e o corpo, nem mais alta nem mais baixa. O animador explica que prefere começar com a pose de contato por ser mais dinâmica, pois tem pleno movimento.

Já Art Babbitt utiliza outro modo de planejamento de caminhada: começa desenhando duas posições mais baixas, expressando duas ligeiras descidas, e depois insere a pose média, de passagem ligeiramente alta. Assim, é possível compor subida e descida com três desenhos, fornecendo uma matriz simples que pode ser desenvolvida conforme a necessidade. A Figura 4.11 demonstra como as poses de contato seriam encaixadas nesse modelo.

Figura 4.11 – **Planejamento de caminhada por Art Babbitt**

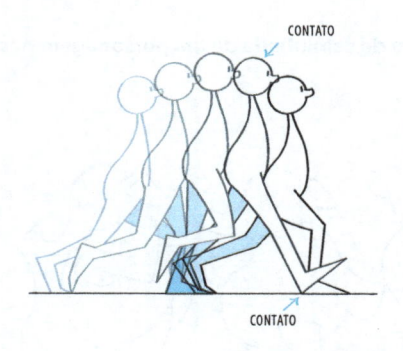

Fonte: Elaborado com base em Williams, 2012.

Williams (2012) sugere a aplicação do método das poses de contato para uso geral e das poses baixas quando se deseja obter um resultado menos convencional, mais caricato e inventivo.

Na medida em que ambas as abordagens se completam, o uso em conjunto forma justamente o ciclo de caminhada completo, formado pela pose de contato, com a descida, pela pose de passagem, com a subida, e pela pose de contato final.

Figura 4.12 – **Justaposição das abordagens da pose de contato e da pose baixa**

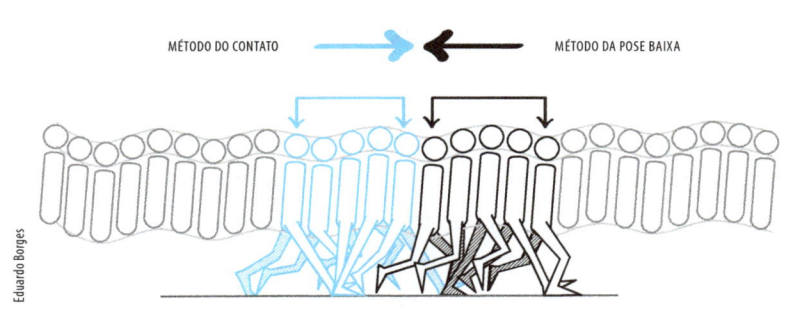

MÉTODO DO CONTATO   MÉTODO DA POSE BAIXA

Fonte: Elaborado com base em Williams, 2012.

4.3.2 **Duplo quique**

Muito utilizado nos anos 1930, o duplo quique consiste em um caminhar otimista e energético amplamente usado com personagens humanos e animais. Nesse recurso, há dois balanços a cada passo; assim, o personagem quica duas vezes.

Diferentemente do que ocorre no ciclo de caminhada tradicional, em que o personagem desce e sobe apenas uma vez a cada passo, no duplo quique o personagem desce e sobe duas vezes a cada passo.

Figura 4.13 – **Iniciando a caminhada com duplo quique**

Fonte: Elaborado com base em Williams, 2012.

Para iniciar o desenho desse tipo de caminhada, primeiro é necessário começar com duas posições de perna dobrada, colocando a pose de passagem no meio, também dobrada. Em seguida, desenham-se duas posições médias com a perna esticada, mais altas. Após esse desenho inicial das cinco poses, completa-se inserindo o pé que vai dar o passo em cada uma delas.

Figura 4.14 – **Completando o movimento com o pé que dará o passo**

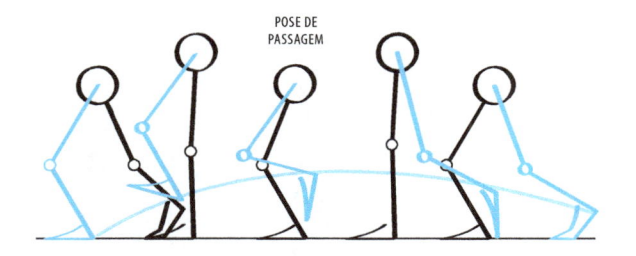

POSE DE PASSAGEM

Fonte: Elaborado com base em Williams, 2012.

Desse modo, obtém-se um ciclo de caminhada que consiste justamente na combinação dos dois métodos antes citados. Na Figura 4.15, é possível verificar que as poses de contato foram feitas primeiro, sendo estas também as poses mais baixas.

Após a elaboração de uma base para a caminhada pretendida, deve-se aprimorá-la considerando os movimentos de outras partes do corpo.

Uma prática bastante clichê é sugerir o movimento do corpo por meio do desenho dos ombros em oposição às pernas. Entende-se que assim é possível dar mais vida ao movimento, que deixa de ser tão mecânico.

Figura 4.15 – **Movimento dos ombros em oposição às pernas**

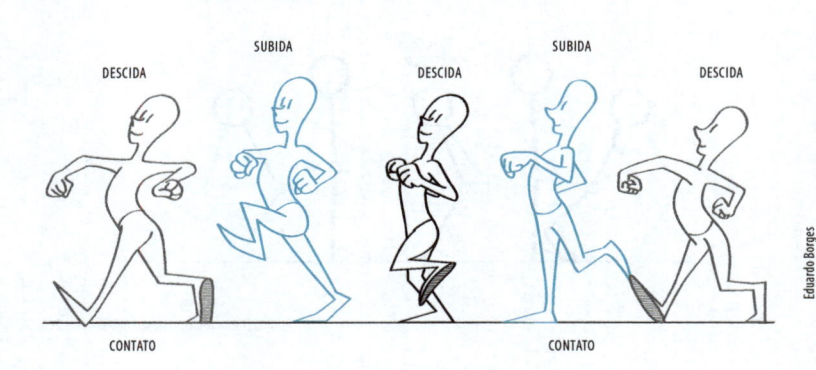

Fonte: Elaborado com base em Williams, 2012.

Nesse caso, quando o braço está posicionado mais à frente, o ombro também está e, quando o braço está para trás, o ombro segue o movimento.

O mesmo ocorre em relação ao quadril e às pernas. Assim, quando a perna está para trás, a articulação do quadril também fica posicionada para trás.

Dessa forma, a partir de uma visão frontal, é possível perceber o encadeamento dos movimentos de cada parte do corpo durante a caminhada. As linhas do ombro e do quadril se opõem, e as poses de passagem são compostas de ombros e quadril ligeiramente paralelos. A cabeça, por sua vez, é inclinada em relação ao ombro mais elevado.

Figura 4.16 – **Vista frontal dos movimentos do corpo durante a caminhada**

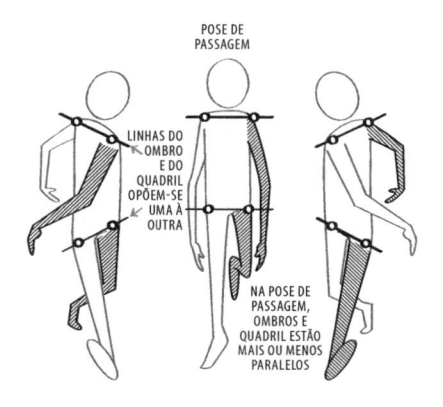

POSE DE PASSAGEM

LINHAS DO OMBRO E DO QUADRIL OPÕEM-SE UMA À OUTRA

NA POSE DE PASSAGEM, OMBROS E QUADRIL ESTÃO MAIS OU MENOS PARALELOS

Fonte: Williams, 2012.

A cabeça ainda pode ser levemente projetada para a frente. Nesse caso, é possível obter um ar de energia, objetividade e pressa.

Detalhes como mover a cabeça para cima e para baixo, incliná-la ou balançá-la conseguem diferenciar aspectos emocionais do personagem, alterando completamente a caminhada.

Williams (2012) menciona que o animador Ken Harris alerta sobre o uso de cabeça e corpo em formato circular ou em formato do algarismo 8. Essa prática costuma fazer com que o personagem se assemelhe a um pássaro ou a um pombo ao caminhar, o que não cria o ar realista humano.

Para o aprimoramento do corpo, curva-se o tronco em seus extremos, mantendo uma postura reta na pose de passagem.

Figura 4.17 – **Curvando o tronco**

POSE DE PASSAGEM

Eduardo Borges

Fonte: Elaborado com base em Williams, 2012.

Em seguida, dobra-se a perna na direção oposta, ainda que ela não assuma essa posição na realidade, "quebrando" a articulação. Embora seja uma estrutura pouco real, ela se comporta de forma muito aceitável visualmente, pois confere credibilidade ao movimento com relação ao ângulo de visão. Assim, consegue-se propor uma variedade de movimentos dentro de um ciclo de caminhada básico.

Figura 4.18 – **"Quebrando" as articulações**

Fonte: Elaborado com base em Williams, 2012.

Durante o período de desenvolvimento de um animador, este consegue perceber diferentes modos de se propor uma variedade de movimentos. Valendo-se de testes e rascunhos, ele conseguirá estabelecer um estilo próprio para o projeto em questão, atribuindo detalhes que o diferenciarão de outras produções do mercado.

Quanto ao movimento dos braços, cada um se move naturalmente em oposição à perna correspondente. Quando se trabalham formas alternativas de fazer isso, percebe-se a animação ganhando outro sentido na medida em que o personagem expressa outras emoções por meio da linguagem corporal.

Um personagem zangado, por exemplo, pode ser desenhado com a pose de passagem mais baixa, costas curvadas para a frente e cotovelo movendo-se antes do braço, com o "cotovelo de guerra", segundo Williams (2012).

Figura 4.19 – **Caminhada zangada**

Fonte: Elaborado com base em Williams, 2012.

Em uma caminhada de perfil, é interessante colocar um pé mais à frente e ligeiramente virado de lado. Esse simples detalhe garante um pouco mais de realismo à cena, pois, além de possibilitar uma visão espacial mais ampla, confere realismo, já que é comum que os passos não sigam uma linha reta.

Williams (2012) salienta que, mesmo que as ações não sejam possíveis no mundo real, como a ideia de "articulações quebradas", constituem uma boa atuação de cena caso caibam no tempo proposto. Não há nada como experimentar. Nesse sentido, ainda que o animador conte com um assistente, torna-se importante sua experimentação do movimento completo.

Em animações realistas, em que há a devida anatomia humana representada nos traços, o calcanhar é a parte principal do movimento, sendo o pé secundário, uma vez que apenas o acompanha. O calcanhar se move primeiro e o pé é controlado por ele, tocando o chão em seguida.

Para caminhadas e corridas, sugere-se manter o calcanhar apoiado no chão para gerar a impressão de peso. O pé também deve ser retido ao máximo no chão. As roupas, por sua vez, tendem a estar sempre atrasadas no movimento.

Figura 4.20 – **Movimento do calcanhar ao longo da caminhada**

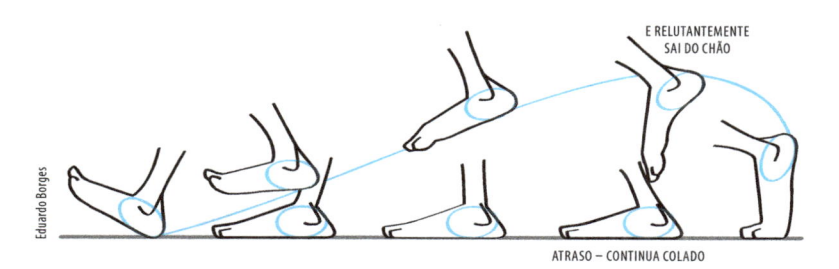

Fonte: Elaborado com base em Williams, 2012.

O pé costuma se levantar devagar, depois se move rapidamente pelo meio e encosta rápido no chão. Dessa forma, passa-se rapidamente pela pose de contato, amortecendo o movimento até o meio. Na sequência, acelera-se a partir da descida, passando rápido pela pose de passagem. Depois, o movimento é amortecido até o desenho mais alto no meio, e acelera-se em seguida.

Quanto ao deslocamento do peso do corpo, entende-se que o peso se desloca de um pé ao outro durante a passada e, cada vez que um pé é erguido, o peso impulsiona o corpo um pouco para a frente e um pouco para o lado do outro pé. Os ombros costumam se mover de forma oposta aos quadris e às nádegas.

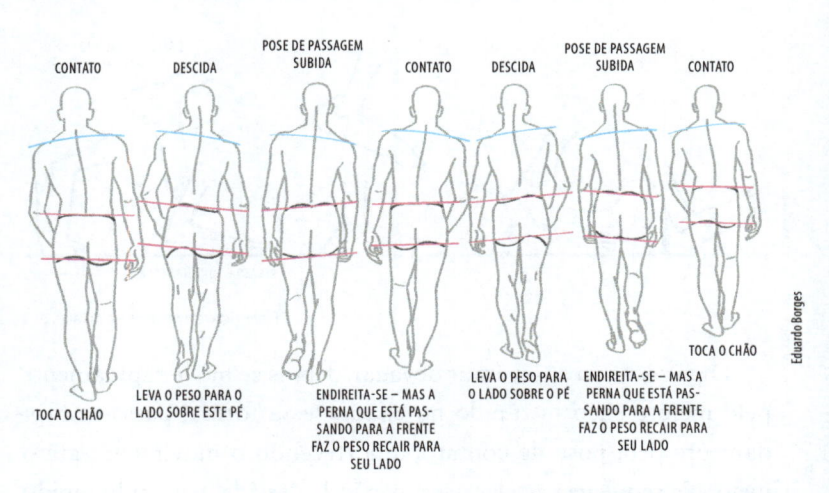

Figura 4.21 – **Movimento dos ombros em oposição aos quadris e às nádegas**

| CONTATO | DESCIDA | POSE DE PASSAGEM SUBIDA | CONTATO | DESCIDA | POSE DE PASSAGEM SUBIDA | CONTATO |

TOCA O CHÃO | LEVA O PESO PARA O LADO SOBRE ESTE PÉ | ENDIREITA-SE – MAS A PERNA QUE ESTÁ PASSANDO PARA A FRENTE FAZ O PESO RECAIR PARA SEU LADO | LEVA O PESO PARA O LADO SOBRE O PÉ | ENDIREITA-SE – MAS A PERNA QUE ESTÁ PASSANDO PARA A FRENTE FAZ O PESO RECAIR PARA SEU LADO | TOCA O CHÃO

Fonte: Elaborado com base em Williams, 2012.

Os braços trazem equilíbrio ao avanço da caminhada. Enquanto o ombro sobe na pose de passagem, a mão segue no ponto mais baixo do arco. Entende-se que as ações da mão configuram um movimento de arco, enquanto os braços apresentam um movimento mais ondulatório, formando uma espécie de algarismo 8. No caso das pernas, o calcanhar segue o movimento de arco.

Uma forma de conferir mais flexibilidade ao movimento é trazer a mão até o meio do corpo. A mão do braço mais adiantado segue até a frente do corpo, enquanto a mão do outro braço fica levemente para trás. Desse modo, faz-se necessário também torcer levemente os pés, fazendo com que eles deixem de ser paralelos.

Figura 4.22 – **Aplicando flexibilidade ao movimento**

TORÇA   TORÇA

Fonte: Elaborado com base em Williams, 2012.

4.3.3 Ação contrária

A ação contrária exagerada é um recurso importante para dar leveza e realismo ao movimento. Por exemplo, o caminhar de um personagem gordo exige que a massa da barriga se mova em oposição ao movimento do corpo, configurando-se um efeito de quique. Assim, à medida que o corpo se move para baixo, a barriga se move para cima, e vice-versa, ao longo da caminhada. Vale salientar que, da mesma forma, roupas, cabelos e partes percebidas como leves e macias se movimentam para baixo à medida que o personagem se movimenta para cima.

Igualmente, no caso do corpo feminino, os seios, os cabelos e as nádegas seguem um movimento contrário ao do corpo.

As nádegas costumam se mover na direção do pé que está mais adiantado, e a saia segue o movimento de forma levemente atrasada.

Outra particularidade quanto ao movimento feminino, segundo Williams (2012), é que as mulheres tendem a andar na "corda bamba", tendo em vista que andam em uma linha reta imaginária. Assim, quando os pés se cruzam nessa linha, o caminhar ganha uma expressão mais feminina.

Figura 4.23 – **Andar feminino em "corda bamba"**

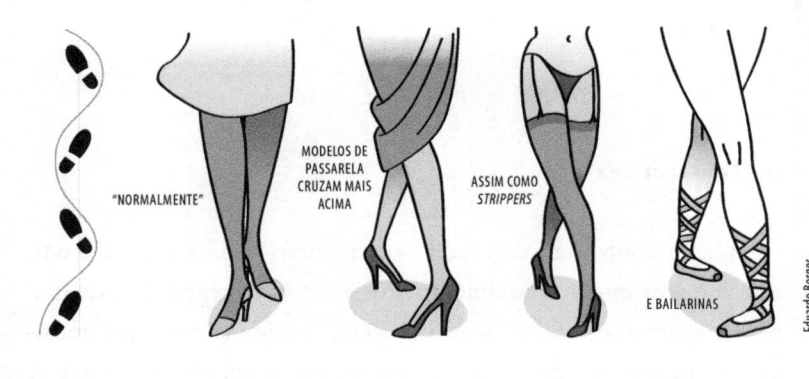

"NORMALMENTE" MODELOS DE PASSARELA CRUZAM MAIS ACIMA ASSIM COMO STRIPPERS E BAILARINAS

Eduardo Borges

Fonte: Elaborado com base em Williams, 2012.

Em meados de 1950, os animadores desenvolveram outros estilos de caminhada, deixando um pouco o realismo. Dessa maneira, criaram um estilo saltitante de caminhada, usado como base para a animação de personagens mais infantis.

O saltitar consiste na seguinte sequência de ações: o personagem dá um passo, levanta-se no ar por cerca de quatro a seis quadros e volta a ter contato com o chão para dar outro passo.

Figura 4.24 – **Exemplo de caminhada saltitada**

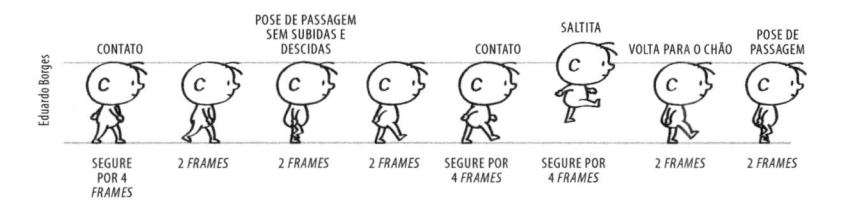

Fonte: Elaborado com base em Williams, 2012.

Williams (2012) afirma que esse movimento saltitante precisa de aprimoramento para que funcione de forma equilibrada. Assim, é necessário alongar algumas partes, sobrepor ou atrasar outras e trabalhar a fluidez. Do contrário, a animação obtém um resultado muito rígido.

Por fim, devemos ressaltar que, assim como cada pessoa tem seu jeito de andar, os personagens também não andam do mesmo modo. No entanto, entende-se que, para um melhor fluxo de trabalho, o animador pode se utilizar de generalizações conforme o corpo do personagem, acrescentando particularidades caricatas de sua personalidade em seguida.

Podemos mencionar, por exemplo, a semelhança entre o desenho de uma mulher grávida e o de um homem gordo. Seus corpos tendem a apresentar alguns movimentos iguais. Como o peso deve ser equilibrado, ambos se inclinam para trás de maneira semelhante e deslizam os pés de forma delicada.

Um homem bêbado tem dificuldade de manter o equilíbrio. Sua cabeça geralmente fica no mesmo lugar para simular uma tentativa de estabilidade, e o corpo nunca fica parado, movimentando-se levemente. Já o caminhar zangado de uma pessoa costuma apresentar pés que se movem para a frente e para baixo rapidamente. No caso das crianças, os pés recebem uma ação exagerada, sendo levantados a um ponto mais alto do que o dos adultos ao longo do passo.

Em linhas gerais, Williams (2012) propõe a seguinte sequência de ações para se obter uma caminhada que demonstre vitalidade:

- Inclinar o corpo.
- Usar as pernas retas nas poses de contato e de impulso (quando as pernas vão de esticadas para dobradas e de dobradas para esticadas).
- Inclinar os ombros e os quadris de modo a deixar os ombros opostos aos quadris e girá-los de forma a torcer o corpo.
- Mexer os joelhos para dentro ou para fora.
- Inclinar a linha da cintura a favor da perna que estiver mais baixa.
- Fazer os pés caírem com peso.
- Atrasar o pé e os dedos do pé para saírem do chão só no último instante.
- Inclinar a cabeça ou fazê-la ir para a frente e para trás.
- Atrasar partes. Não deixar o conjunto mover-se todo ao mesmo tempo.

- Usar ações contrárias: barriga, nádegas, seios, roupas, calças, cabelos etc.
- "Quebrar" as articulações.
- Acrescentar mais subidas e descidas para o peso.
- Usar tempos diferentes para pernas e braços, cabeça e tronco etc.
- Torcer os pés de modo que não fiquem paralelos.
- Trabalhar em cima de uma ação clichê normal, acrescentando pequenas alterações em algumas partes.

No caso de caminhadas furtivas, o corpo geralmente se inclina para a frente e para trás à medida que o pé sobe e desce. Os braços apresentam movimentos que garantem equilíbrio ao personagem.

Quando a perna toca o chão, o corpo e a cabeça se deslocam para a frente com atraso. Depois de o pé tocar o chão, o corpo avança, impondo seu peso ao pé em questão. Em seguida, o corpo vai para trás novamente, enquanto o outro pé segue a diante.

Figura 4.25 – **Exemplo de caminhada furtiva**

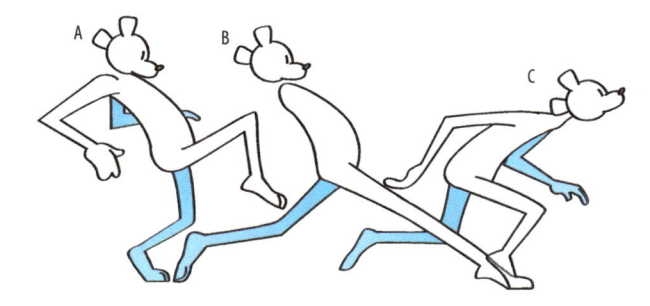

Fonte: Elaborado com base em Williams, 2012.

Dessa forma, assim como um ciclo de caminhada tradicional, a caminhada furtiva é composta de três desenhos, sendo dois de contato com o chão e uma pose de passagem expressiva.

4.3.4 Desenvolvendo um ciclo de corrida

Diferentemente da caminhada, em que há sempre um pé tocando o chão, em uma corrida os dois pés ficam fora do chão em alguns momentos.

Para propor um movimento de corrida, sugere-se trabalhar considerando um ciclo de caminhada rápida de seis quadros, alterando a pose dos pés nos últimos dois quadros, de modo que os pés fiquem no ar. Assim, consegue-se conferir características de corrida ao movimento.

Para uma corrida mais vigorosa, deve-se inclinar mais o corpo e imprimir mais balanço nos braços, ainda que os pés fiquem fora do chão em apenas um quadro.

Para gerar uma corrida mais caricata, deve-se trabalhar com os pés fora do chão em duas posições, distanciando o espaço entre as pernas já no quadro anterior. Por haver uma distância maior entre as pernas, a perna suspensa na terceira pose deve ficar paralela ao chão, bem junta ao corpo, como quem vai pegar impulso.

Figura 4.26 – **Exemplo de corrida caricata**

CONTATO | DESCIDA, MAS NÃO MUITO BAIXA | INTERVALO | SUBIDA NÃO MUITO ALTA | POSE DE PASSAGEM | INTERVALO | CONTATO

PÉS NO PONTO MAIS ALTO

BRAÇOS NO PONTO DE MAIOR AFASTAMENTO

Fonte: Elaborado com base em Williams, 2012.

Assim como as caminhadas, as corridas podem ser trabalhadas em detalhes, movendo-se a cabeça do personagem para cima e para baixo, de um lado para o outro, para a frente e para trás. O corpo pode ser dobrado e torcido, as articulações podem ser "quebradas" e os pés podem virar para dentro e para fora. Porém, como não há tantas posições, visto que a corrida é mais rápida, devem ser aplicados menos movimentos que na caminhada.

Uma corrida ainda mais caricata pode ser produzida levantando-se ainda mais a pose de subida e alongando-se ainda mais a perna anterior da pose de passagem.

Já em uma corrida veloz, sugere-se empregar poses levemente diferentes na primeira e na última posição, desenhando uma um pouco mais alta ou baixa que a outra.

Para melhor visualização, as poses de uma corrida veloz devem se sobrepor levemente, guiando, assim, os olhos. É possível perceber que as costas vão do côncavo ao convexo, os pés são torcidos e os braços e a perna são diferentes. Com base nessa observação, pode-se corrigir ou melhorar detalhes no movimento dessas partes.

Figura 4.27 – **Sobreposição de poses**

Fonte: Elaborado com base em Williams, 2012.

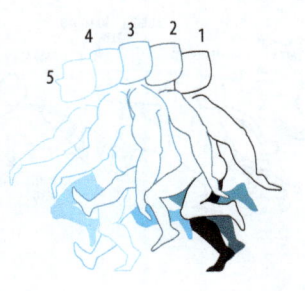

Williams (2012) propõe três fórmulas para se produzir uma corrida: a corrida de quatro desenhos, a corrida de três desenhos e a corrida de dois desenhos.

A corrida de quatro desenhos é indicada para personagens de pernas curtas. Como consiste em seis passos por segundo, é muito rápida e não há tempo suficiente para sacudir os braços. Desse modo, uma solução é desenhar os braços esticados à frente do personagem. A ação se concentra na alternância de posicionamento das pernas abaixo e atrás do corpo.

Como a corrida formada por três desenhos consiste em oito passos por segundo, é necessário encontrar três posições de pernas que contemplem um movimento circular.

Existem várias formas de aplicação dessa fórmula, que funciona melhor em personagens baixos e caricatos. Williams (2012) salienta que é possível criar um ciclo de caminhada mesclando as duas fórmulas, com a utilização de três poses para o primeiro passo e duas poses para o segundo passo.

Já a corrida de dois desenhos consiste em 12 passos por segundo, sendo a mais rápida de todas. Williams (2012) explica que o problema da corrida de dois desenhos é que a ação das pernas tende a parecer uma imagem piscante, na medida em que os desenhos são exibidos mais ou menos ao mesmo tempo. Como não há pose de passagem, a solução é deixar as pernas mais próximas de onde estavam a cada duas poses. Assim, o olho visualiza os dois desenhos e pula a grande lacuna.

Figura 4.28 – **Exemplo de ciclo de corrida de dois desenhos**

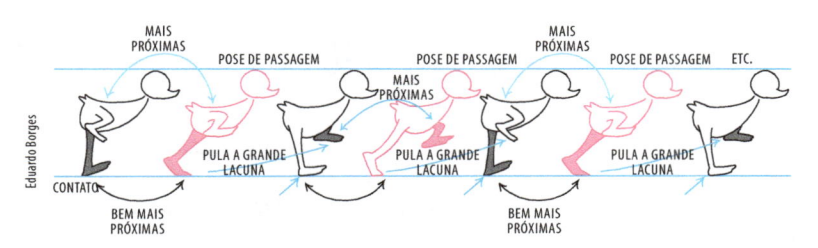

Fonte: Elaborado com base em Williams, 2012.

A mesma prática pode ser explorada na vista em 3/4, frente ou costas.

Figura 4.29 – **Ciclo de corrida de dois desenhos: vista em 3/4 e costas**

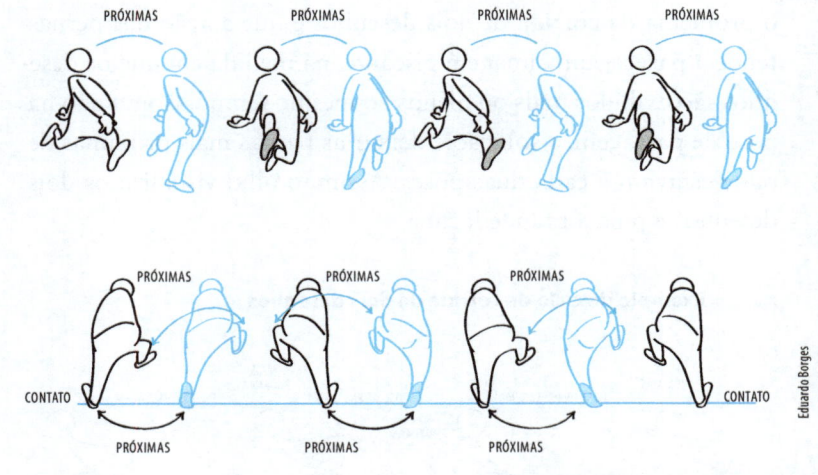

Fonte: Elaborado com base em Williams, 2012.

Outra forma de simular a velocidade é acrescentar movimentos frenéticos aos braços, inclinando-se progressivamente o corpo e a cabeça para a frente e para trás ao longo da corrida. Assim, a atenção do espectador fixa-se na parte superior da animação, sem que se perceba o efeito de "pernas piscantes" provocado pela fórmula de dois desenhos.

Figura 4.30 – **Exemplo de movimento de braços frenéticos**

Fonte: Elaborado com base em Williams, 2012.

Há também a possibilidade de usar borrões para simular a agilidade na corrida de dois desenhos. Williams (2012) aponta que é bastante eficaz produzir essa técnica por meio do desenho em transparências de dois quadros. Desse modo, ao filmá-los, o movimento fica ainda mais suavizado.

De maneira geral, o desenho de uma corrida envolve as seguintes considerações, conforme aponta Williams (2012):

- É feita sempre em um quadro, exceto pelo recurso de transparência de dois quadros.
- Pode contar com todos os recursos propostos para caminhadas, porém de forma reduzida.
- A cabeça está subindo e descendo? Balançando de um lado para o outro ou movendo-se em pequenos círculos?
- As pernas estão se movendo para cima e para baixo ou dando passadas largas?
- Os braços estão junto ao corpo ou estão sendo sacudidos em uma ação bem ampla?

- É importante sobrepor os desenhos e verificar os detalhes: o que a linha da cintura está fazendo?
- O personagem deve ficar mais tempo no ar ou mais tempo no chão?
- Quem é que está correndo? Como é o tipo físico do personagem? Gordo, velho, magro, jovem, atlético, descoordenado, glamoroso, policial, gângster, criança, bêbado, membro da realeza etc.?
- Qual é a motivação do movimento? O personagem está correndo ou parado? Esses questionamentos permitiram criar o dramático da corrida.

Portanto, fica claro que, com base nos exemplos de caminhada e de corrida apresentados, é possível desenvolver uma grande variedade de movimentos de atuação que retratam diversas situações tanto do cotidiano real quanto de uma história caricata.

O animador deve exercitar sua criatividade e arriscar novas possibilidades de movimento, seja para uma produção específica, seja como meio de prática em seu *sketchbook*. Um bom ciclo de caminhada e corrida pode definir grande parte do processo produtivo. Depois de ser determinado, os demais movimentos pontuais podem ser explorados com mais facilidade, como pular, saltitar e abaixar, pois todos podem ser produzidos com base nos desenhos de caminhada ou de corrida.

1

5

9
10

foto_Land/Shutterstock

CAPÍTULO 5

A COMPLEXIDADE NO MOVIMENTO

Depois de vermos como se pode desenvolver a paleta de cores para uma animação e como se deve proceder para criar ciclos de caminhada e corrida, agora precisamos avançar no estudo sobre o movimento.

Neste capítulo, abordaremos o desenvolvimento de movimentos mais complexos, considerando flexibilidade, expressões faciais e sincronia entre imagem e som. Além disso, analisaremos as especificidades da ação animal com base nos conhecimentos já adquiridos acerca da ação humana.

5.1 Pulos

O pulo ou salto de uma maior extensão se difere da caminhada e da corrida por conter poses em que o personagem ficará com as duas pernas fora do chão simultaneamente.

Para pular, uma pessoa inicia uma corrida para ganhar impulso e prepara-se para o pulo. O mesmo ocorre quando se deseja saltar um obstáculo. O corredor inicia uma corrida e faz uma leve pausa para saltar o obstáculo; assim, ele se estende, se estica, pousa no chão e continua a corrida. Nesse caso, há antecipação, porém ela não dura muito tempo.

Figura 5.1 – **Criando pulos e saltos**

Williams (2012) sugere que, para se criar um pulo ou salto animado, o animador incline bastante o corpo do personagem, a fim de imprimir realismo ao movimento. O autor ainda ressalta que, para evitar que o personagem pareça estar flutuando e simular o devido peso do corpo, deve-se trabalhar bem o movimento dos braços e dos pés dentro do salto.

Figura 5.2 – **Aplicando movimento a braços, pés e roupas ao longo do pulo**

Fonte: Elaborado com base em Williams, 2012, p. 214.

Depois de criar o movimento geral do salto e trabalhar a expressão dos braços e dos pés, esticando-os, comprimindo-os ou atrasando algumas partes, sugere-se aprofundar a animação em detalhes, criando movimentos para cabelos, roupas e acessórios. Como resultado, o animador obterá uma animação ainda mais fluida e solta.

5.2 Flexibilidade

Para conferir flexibilidade e vitalidade à animação e, ao mesmo tempo, mantê-la estável e sólida, é necessário pensar de forma especial o desenho da pose de passagem ou pose intermediária. Trabalhar uma trajetória de A para B torna a animação sem graça. Williams (2012) observa que se deve criar algum outro movimento interessante no caminho de A para B. Quando se considera uma trajetória de A para X para B, sendo X a pose de passagem, a obra ganha outra perspectiva.

Williams (2012) argumenta que, do contrário, a animação acabará tendo um efeito "King Kong", em que todos os elementos da animação se movem na mesma proporção ou então ficam piscando em toda parte.

Como exemplo, é possível trabalhar a progressão de um personagem que vai da felicidade à tristeza colocando-se primeiramente uma expressão lógica como pose de passagem. Assim, cria-se uma transição monótona, já que é algo esperado pelo espectador.

Figura 5.3 – **Flexibilidade facial: transição lógica**

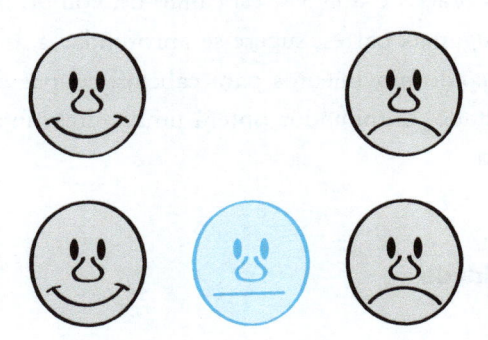

Fonte: Elaborado com base em Williams, 2012, p. 218.

Deve-se inserir uma expressão fora do lógico como pose de passagem, algo que expresse uma emoção diferenciada antes de o personagem chegar à tristeza, o que torna a animação mais interessante, ou até mesmo manter o semblante feliz ou antecipar o triste, o que garante mais vitalidade. Dependendo da pose de passagem aplicada, a sequência pode assumir diferentes significados. O personagem pode ganhar mais personalidade ou o motivo da mudança de seu humor pode ser evidenciado por meio de suas expressões faciais, como um susto, uma lembrança ou um mal-estar.

Figura 5.4 – **Flexibilidade facial: possibilidades alternativas**

Fonte: Elaborado com base em Williams, 2012, p. 219-220.

Portanto, entender para onde o movimento vai por meio da pose de passeio antes de chegar a seu objetivo final tem um grande impacto no sentido de uma narrativa. Agora, vamos ver como é possível trabalhar as sobreposições da pose de passagem na ação.

5.2.1 Sobreposição simples

Na sobreposição simples, trabalha-se o puro e simples movimento que garante a fluidez da animação. Como exemplo, vamos considerar a figura a seguir.

Figura 5.5 – **Sobreposição simples**

Fonte: Elaborado com base em Williams, 2012, p. 229.

Esse personagem inclina-se levemente para a frente. Ao se inclinar a cabeça na pose de passagem, ainda que seja mantida mais próxima da primeira pose de contato, observamos uma sobreposição agradável em um movimento simples.

Dessa forma, Williams (2012) sugere que o animador procure sempre posicionar a pose de passagem considerando uma possível sobreposição de massas, gerando um movimento dentro do movimento. Contudo, o autor alerta que o posicionamento da pose de passagem pode fugir do controle, ou seja, deve-se ter cuidado para saber como, quando e onde usar o recurso.

5.2.2 Sobreposição de ações

Na sobreposição de ações, uma parte começa antes e as outras a acompanham, fluindo naturalmente como um resultado da ação principal. Aqui, é necessário trabalhar uma visão mais ampla sobre o movimento das coisas, pois nem tudo acontece ao mesmo tempo, ainda que possa parecer. Como exemplo, vamos observar a figura a seguir, que mostra um personagem virando na direção da câmera.

Figura 5.6 – **Sobreposição de ações: quadros principais**

Eduardo Borges

Fonte: Elaborado com base em Williams, 2012, p. 226.

Essa ação simples pode se tornar bem mais interessante se for dividida em partes. Os pés podem se mover primeiro, seguidos da barriga e do quadril, atrasando a cabeça, que acompanhará o movimento do corpo.

Figura 5.7 – **Sobreposição de ações: atribuindo ação aos detalhes**

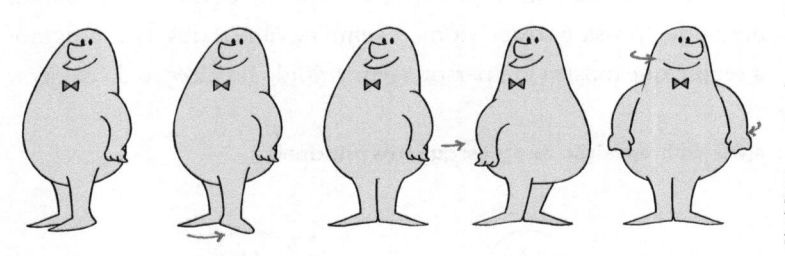

Fonte: Elaborado com base em Williams, 2012, p. 226.

Outra possibilidade seria mover primeiro o quadril e a barriga – o que constituiria um movimento natural do ser humano –, em seguida mover um pé e depois o outro, enquanto a cabeça vira levemente. Por fim, o corpo assume sua posição final, encaixando-se nos demais movimentos.

Não é necessário mudar a expressão do personagem. Apenas sobrepor as partes já dá vida a uma ação simples. Um pequeno detalhe na ação faz uma grande diferença no resultado final.

Portanto, para trabalhar melhor essa técnica, é preciso dividir o corpo do personagem em seções, a fim de movê-las uma de cada vez de forma sobreposta.

Podemos concluir que é como se o personagem fosse se "desdobrando" a partir do movimento de uma parte que impulsiona naturalmente as demais para que a acompanhem e a ultrapassem (Williams, 2012).

5.2.3 **Ação contrária simples**

As ações contrárias consistem em ações feitas naturalmente pelo corpo do ser humano a fim de manter o equilíbrio durante o movimento. Assim, balançamos cada braço de forma contrária ao caminharmos com pressa, por exemplo. Um braço vai para a frente e o outro para trás, ora seguindo levemente para cima, ora contrabalançando levemente para baixo.

Williams (2012) relembra o conceito de "quebrar" as articulações, que vimos anteriormente. Para o autor, a quebra sucessiva de articulações auxilia na obtenção do efeito curvado, já que mostra a ordem das ações e como uma parte do corpo conduz a outra no movimento. Logo, os personagens não precisam ser emborrachados; eles podem ser formados por retas e, ainda assim, ter movimentos fluidos.

O subir e descer de um braço conduz a ação da mão, que continua avançando para a frente até que a articulação do cotovelo se "quebra", conduzindo-a à direção oposta. Entende-se que essas quebras de articulação não necessariamente estão relacionadas à dobra do braço ou da perna na realidade, mas a uma forma de imprimir flexibilidade.

Figura 5.8 – **Ação contrária natural dos braços**

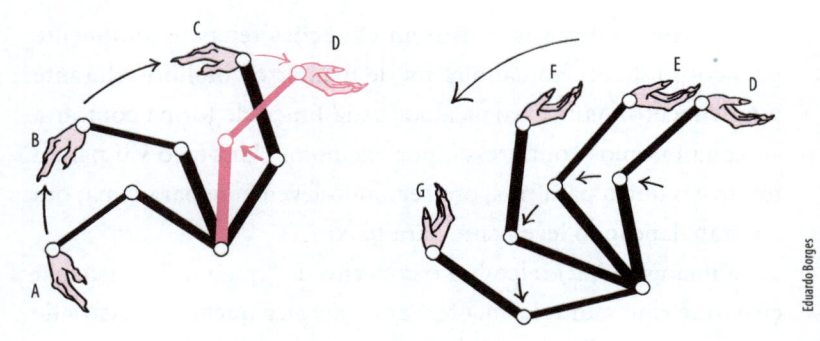

Fonte: Elaborado com base em Williams, 2012, p. 237.

Segundo Williams (2012), assim como a sobreposição de ações, esse recurso tem muitas possibilidades a oferecer. É importante conhecê-lo a fundo para que se possa explorá-lo de modo a alcançar um resultado imperceptível para o espectador.

Williams (2012) afirma que, mediante o estudo desses movimentos sutis, é possível compreender como o animador pode chegar longe "quebrando" as articulações, obtendo resultados realistas e até mesmo caricatos por meio do uso excessivo.

5.2.4 **Flexibilidade no rosto**

Apesar de parecer que a animação da face envolve apenas a ação dos olhos e da boca, ao examinarmos uma cena de atores quadro por quadro, podemos perceber o quanto o rosto é distorcido ao longo de uma cena. Ainda que o crânio não distorça, as bochechas e a mandíbula articulada geram grandes possibilidades de expressões.

Figura 5.9 – **Flexibilidade no rosto: compreendendo a articulação da mandíbula**

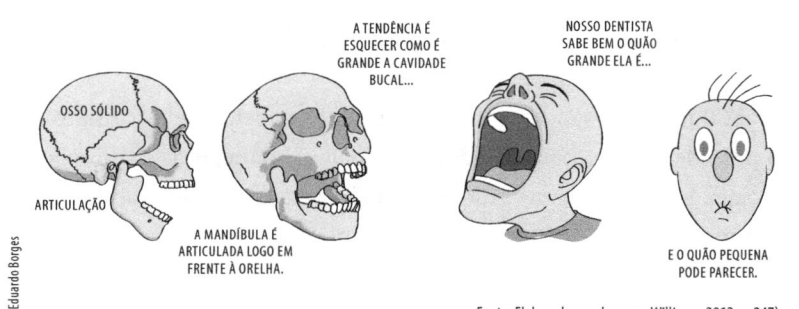

OSSO SÓLIDO

ARTICULAÇÃO

A MANDÍBULA É ARTICULADA LOGO EM FRENTE À ORELHA.

A TENDÊNCIA É ESQUECER COMO É GRANDE A CAVIDADE BUCAL...

NOSSO DENTISTA SABE BEM O QUÃO GRANDE ELA É...

E O QUÃO PEQUENA PODE PARECER.

Fonte: Elaborado com base em Williams, 2012, p. 247).

Os músculos faciais têm muita elasticidade e isso deve ser explorado na animação. Há uma tendência a fazer bocas inclinadas na lateral, sem imprimir noção de espaço no rosto.

Figura 5.10 – **Flexibilidade dos músculos faciais**

HÁ UMA TENDÊNCIA EM FAZER UMA BOCA SIMPLES, SE CONTORCENDO PARA UM LADO, FLUTUANDO NO ROSTO

E DEIXE-A COMPRIMIDA TAMBÉM

ALONGUE-A PARA TORNÁ-LA PARTE INTEGRAL DO ROSTO

Fonte: Elaborado com base em Williams, 2012, p. 247.

Sugere-se sempre procurar explorar o movimento bucal como parte do rosto, fazendo com que ele conduza a outros movimentos naturais da face, como a projeção do maxilar e a compressão das bochechas e dos olhos.

Williams (2012) salienta que é preciso considerar o formato e o peso da face do personagem para melhor planejar as expressões faciais. Deve-se achatar e alongar a massa do rosto a fim de simular um mesmo peso estético em todas as poses.

5.2.5 Sobreposições de ações faciais

A sobreposição de ações faciais pode ocorrer tanto de cima para baixo quanto de baixo para cima, sendo uma parte de cada vez. A expressão pode começar pelos olhos, depois pelo nariz, pela boca e, por último, pelo cabelo; também seria possível começar primeiro pela boca, depois pelo nariz, pelos olhos e, por último, pelo cabelo, como vemos na figura a seguir.

Figura 5.11 – **Sobreposição de ações faciais**

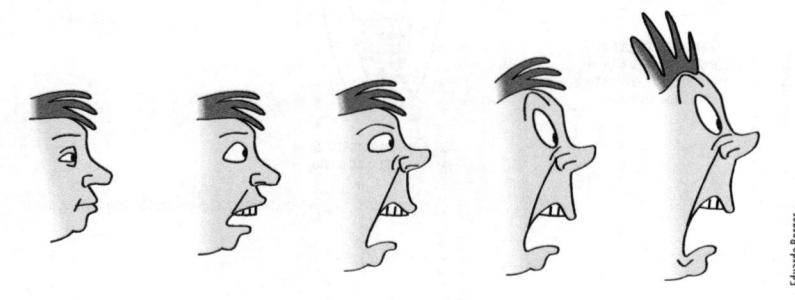

Fonte: Elaborado com base em Williams, 2012, p. 249.

Assim, com base nos mesmos extremos, é possível gerar cenas completamente diferentes. A primeira opção citada pode demonstrar que o personagem viu algo que o surpreendeu, já que enfatiza os olhos. A segunda, por sua vez, demonstra que o personagem viu algo que o fez gritar, visto que enfatiza um prolongado abrir da boca (Figura 5.11).

Na figura a seguir, podemos observar a progressão de expressões opostas. Os olhos iniciam a ação, depois a boca recebe outro formato, sendo posteriormente rebaixada, a sobrancelha é arqueada de forma inversa e, por fim, a testa se enruga acompanhando o queixo, que recua.

Figura 5.12 – **Transição de emoções**

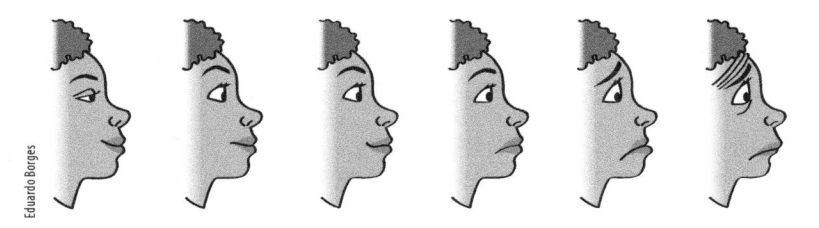

Fonte: Elaborado com base em Williams, 2012, p. 250.

Williams (2012) destaca a sobreposição de ações no caso de contradição entre o sentimento do personagem e o que ele deseja expressar facialmente, o que pode ocasionar um efeito de "duas caras".

Figura 5.13 – **Sobreposição de ações contraditórias**

Fonte: Elaborado com base em Williams, 2012, p. 250.

Esse efeito funciona da seguinte maneira: um lado do rosto expressa uma coisa e o outro lado indica outra. Podem ser insegurança e otimismo ou raiva e felicidade, por exemplo. O autor sugere que o trabalho seja realizado considerando-se cada lado separadamente. Primeiro, cria-se um lado e depois o outro, aprimorando e harmonizando os contrastes por fim.

5.2.6 A flexibilidade aliada à legibilidade da ação corporal

Para que o público entenda rapidamente a ação, Williams (2012) sugere que seja demonstrada por meio do uso de desenhos de perfil do personagem. Como podemos ver a seguir:

No caso da ação de colocar uma meia, por exemplo, uma simples inversão do arqueado das costas já garante flexibilidade ao movimento. Williams (2012) afirma que é sempre bom explorar o movimento oposto ao que se pretende representar para enfatizar a flexibilidade.

O autor sugere um exercício para praticar os efeitos da flexibilidade. O animador deve considerar a visão frontal balançando de um lado ao outro, fazer os quadris se movimentarem na forma do algarismo 8 e a cabeça se movimentar em sentido oposto ao do corpo e, por fim, trabalhar as mãos de modo independente, quebrando as articulações.

A ideia é começar com um primeiro desenho que já reflita o movimento pretendido, assim contando a história. Depois, trabalha-se o outro extremo, em que o personagem está virado para o outro lado. Então, é criada a pose de passagem, posicionando-se o personagem em postura mais reta e pendendo para o lado pretendido.

5.3 Peso

No capítulo anterior, vimos que, em uma caminhada, o peso na parte de baixo ocasiona o dobrar das pernas, à medida que elas absorvem a força do movimento. Porém, além do peso corporal do personagem, deve-se atentar também para outros objetos de cena.

Nesse caso, demonstra-se o peso de um objeto com base na preparação do personagem ao pegá-lo, seja antecipando o peso na estrutura corporal, seja criando ações como uma caminhada em volta do objeto simulando uma análise do peso (Williams, 2012).

No exemplo da Figura 5.14, a seguir, vemos o arco que a coluna do personagem está fazendo. A fim de se preparar para pegar o objeto pesado, ele afasta os pés, dobra os joelhos, chega bem próximo ao peso e ajusta-se à massa do objeto. O corpo se levanta. Em seguida, a coluna volta a posição arqueada. Os joelhos, por sua vez, ainda permanecem com as articulações ligeiramente quebradas, demonstrando um tremor de instabilidade provocado pelo peso.

Figura 5.14 – **Levantamento de uma rocha**

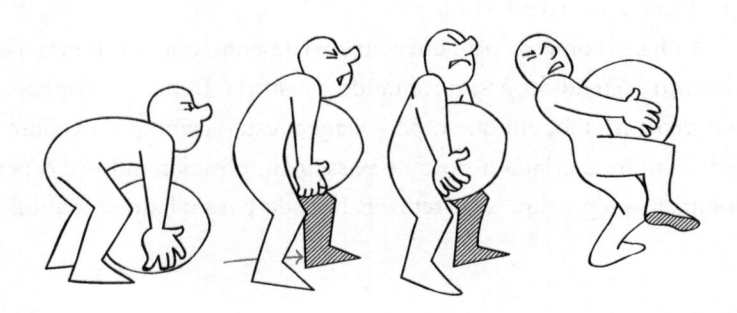

Já no caso do levantamento de um saco pesado nas costas, ilustrado na Figura 5.15, é necessário que o corpo se abaixe para demonstrar o equilíbrio do peso, uma vez que o saco força o corpo para baixo, fazendo com que os joelhos se dobrem.

Figura 5.15 – **Levantamento de peso utilizando as costas como suporte**

Fonte: Elaborado com base em Williams, 2012, p. 258.

Williams (2012) salienta detalhes importantes para o sucesso de uma caminhada com levantamento de peso. O autor observa que é importante considerar o efeito do peso nos pés, que tendem a se espalhar e arrastar no chão, variando a distância entre um pé e outro conforme a área do objeto.

Quando se trata de levantamento de peso, com ou sem caminhada, os pés costumam não sair do chão, podendo oscilar para leves subidas como forma de ganhar impulso para o levantamento. A caminhada pode ser arrastada, formada por passos espaçados e períodos de pausa, ou até mesmo rápida, sugerindo uma queda em seguida.

Quanto à parte superior do corpo, os ombros tendem a se abaixar e os braços ficam esticados; ademais, a cabeça e o pescoço podem vir a descer ou não conforme o objeto e a forma como o personagem vai levantá-lo.

O levantamento de objetos leves evidentemente não causa grandes efeitos no corpo; logo, não requer a aplicação de peso na ação.

Figura 5.16 – **Levantamento de uma pena**

Uma mão ao pegar uma pena não enfrenta resistência no movimento, mas, ao pegar um objeto pesado, reflete em ações em todo o corpo. O peso do objeto (Figura 5.17) faz com que o braço fique reto e o ombro se abaixe. A cabeça se inclina em sentido contrário ao do ombro, e os braços ajudam a equilibrar o peso do objeto.

Figura 5.17 – **Levantamento de um objeto pesado com apenas uma mão**

A pressão também tem a ver com o peso. Um balão, por exemplo, ao ser pressionado, faz com que os braços estiquem ligeiramente; já uma bola de boliche acaba por pressionar o ombro para cima.

Figura 5.18 – **Diferença entre o manuseio de um balão e o de uma bola de boliche**

Fonte: Elaborado com base em Williams, 2012, p. 260.

Quanto à pressão exercida quando um objeto é solto no ar, a velocidade da queda e a pressão do objeto sobre o chão dependem de seu peso e do material de que é feito. Um lenço de seda tenderia a flutuar, pousar e cair sobre o chão, enquanto uma xícara, antes de quebrar pelo seu material frágil e pelo impacto da queda, poderia pular algumas vezes até se estilhaçar no chão.

Uma folha de árvore, por sua vez, plana através das correntes de ar. A queda é resistida pelo ar, que guia o movimento, podendo virar-se e mudar de sentido. O pouso seria lento até sua parada.

A relação entre pressão e peso também está presente em ações de toque e apertos de botões, por exemplo. Dependendo da superfície, haverá mais ou menos ações no dedo, nas mãos, nos punhos, nos braços e nos cotovelos.

Figura 5.19 – **Diferenças entre ações de toque**

Fonte: Elaborado com base em Williams, 2012, p. 261.

Superfícies rígidas demandam maior pressão; superfícies macias cedem à pressão do corpo. Como vimos, ao se pegar algo pesado, o corpo todo tende a se mover; já ao se pegar algo leve, o cotovelo é o ponto principal do movimento.

Uma bola de golfe rígida quando cai não se deforma, pois resiste ao impacto e logo sobe, pula e rola até parar. Uma bola de boliche quando cai gera um salto muito leve e rola em seguida. Ela também não se deforma, pois resiste ao impacto. Por sua vez, uma bola de tênis logo se deforma com o impacto, recuperando sua forma original rapidamente.

Diante de tais exemplos, é possível compreender melhor como a pressão faz parte do peso. O objeto que se tenta mover cria uma resistência, ora maior, ora menor, que incidirá na forma com que as pernas e os braços se dobram. Tudo dependerá do esforço necessário para mover ou parar o objeto.

A parada em um ciclo de corrida também consiste em uma resistência ao peso. A Figura 5.20, a seguir, mostra como a coluna se inverte no momento de desaceleração. Os pés tendem a desligar, podendo ocasionar perda de equilíbrio e quedas.

Figura 5.20 – **Resistência ao peso em uma parada abrupta**

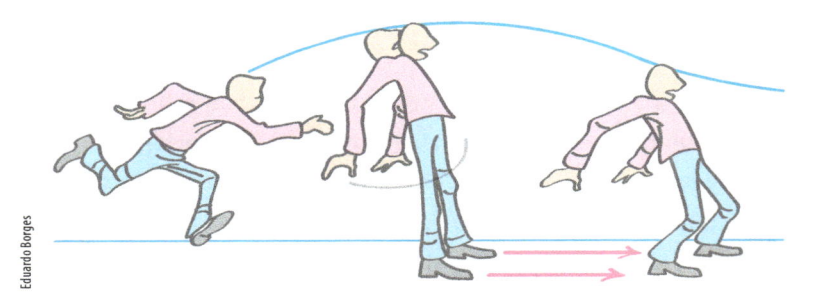

Fonte: Elaborado com base em Williams, 2012, p. 264.

Outro aspecto relacionado ao peso de uma ação é a velocidade. No caso de uma personagem usando uma camisola de seda, a roupa vai fluir e bater rapidamente contra o corpo. Quando ela para, sua roupa e seus cabelos, ambos leves, param com um pequeno atraso. Assim, quanto mais rápida a ação, mais os elementos leves são conduzidos pelo ar.

Figura 5.21 – **Ação da velocidade no peso de elementos leves**

Fonte: Elaborado com base em Williams, 2012, p. 265.

A Figura 5.22, a seguir, mostra um personagem retirando um grande volume do chão. Podemos ver que a ação é antecipada por meio de um impulso, fazendo com que a coluna assuma a forma de um arco invertido. O processo de escavar é lento, em razão do peso do material, e o movimento da cabeça também é atrasado. Depois de conseguir soltar a pá do conteúdo a ser removido, o lançamento é antecipado, fazendo com que a coluna se inverta novamente, equilibrando o peso e permitindo arremessá-lo (Williams, 2012).

Figura 5.22 – **Equilíbrio no levantamento de pesos**

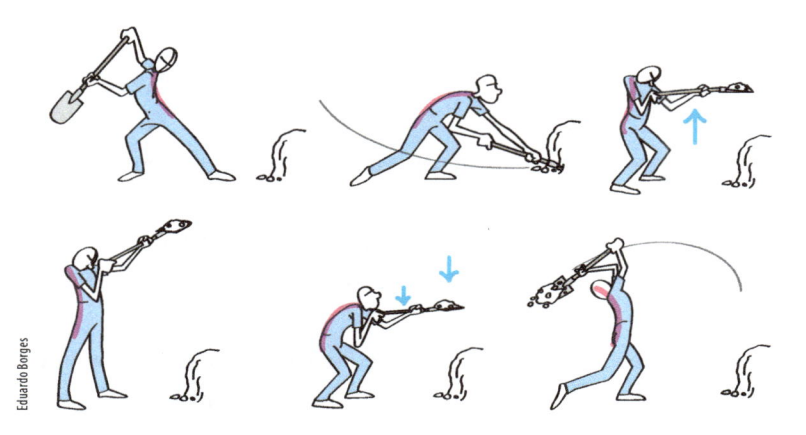

Fonte: Elaborado com base em Williams, 2012, p. 266.

Desse modo, há várias possibilidades de se abordar o peso visualmente em uma animação. É possível atrasar o movimento de roupas, cabelos e acessórios, inverter o arco da coluna ou deslocar o peso para outra parte do corpo.

E quando é necessário transmitir uma mudança abrupta de direção? Isso também envolve noções de peso e flexibilidade. Williams (2012) cita a icônica passagem cinematográfica em que Charlie Chaplin faz uma curva ligeiramente saltitante ao dobrar uma esquina e, em seguida, corre na direção oposta. Ele se inclina em direção à curva, e os pés se deslocam no meio, criando o efeito saltitante.

O autor explica que uma forma de criar essa cena em animação é fazer uma série de desenhos de números pares e, depois, criar outra série de desenhos de números ímpares, deslocando as posições ligeiramente. Assim, cria-se o efeito vibrante da cena por meio da intercalação.

A dança, por seu turno, deve ser animada, considerando-se o subir e descer do corpo e das mãos, além do que acontece nos pés. Na dança, o peso do corpo se move de cima para baixo, sendo distribuído pelos membros conforme o ritmo, de maneira e encontrar o equilíbrio.

No sapateado, por exemplo, deixando-se o desenho dos pés para um segundo momento e observando-se o simples subir e descer do corpo, é possível atribuir qualquer posição aos pés.

Atribuir movimentos mais fluidos e diversificados requer a acentuação de ações na parte superior ou inferior do corpo, podendo essas partes se opor em alguns momentos. Williams (2012) ressalta que, no caso da dança, é preciso ater-se a detalhes mínimos; qualquer ação que seja formada por menos de quatro quadros acaba por não ser percebida.

Quando o personagem é um dançarino nato, é possível utilizar ações mais engenhosas, como uma inclinação dos ombros, oposta à dos quadris.

Figura 5.23 – **Movimentos alongados de um dançarino**

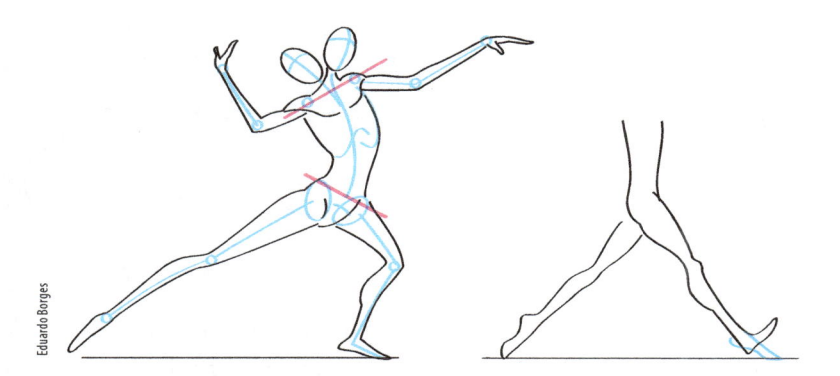

Fonte: Elaborado com base em Williams, 2012, p. 272.

Estes tendem a se opor em grande parte dos movimentos de dança. Deve-se inclinar o corpo, estender o pé e utilizar diferentes ângulos de cabeça. Para transmitir um movimento fluido de uma bailarina, por exemplo, os pés mal tocam o solo.

5.4 Sincronia de ações

Para sincronizar as ações conforme a batida da música, de acordo com Williams (2012), há duas formas válidas. A primeira consiste em criar a pose de ênfase visual dois quadros antes de a música ser iniciada. Portanto, demonstra-se o início da dança por meio da antecipação de movimento.

Figura 5.24 – **Sincronização das ações com música: modelo #1**

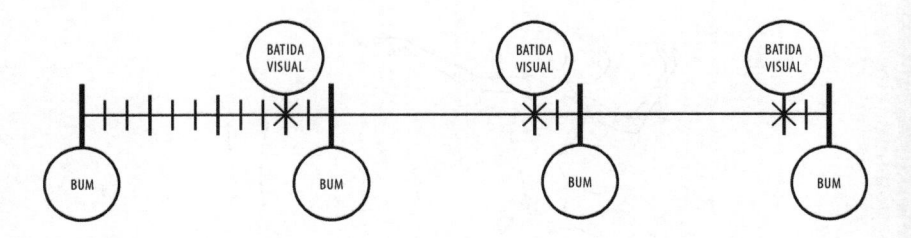

Fonte: Williams, 2012, p. 272.

Considerando-se uma batida sonora de doze quadros, anima-se a batida visual dois quadros antes. Caso seja mais fácil de se trabalhar seguindo o mesmo ritmo, deve-se adiantá-la posteriormente na edição.

A segunda forma de sincronizar ações conforme a batida da música consiste em colocar a batida visual 1/3 antes da batida sonora. Em uma batida sonora de doze quadros, a batida visual ocorreria quatro quadros antes.

Figura 5.25 – **Sincronização das ações com música: modelo #2**

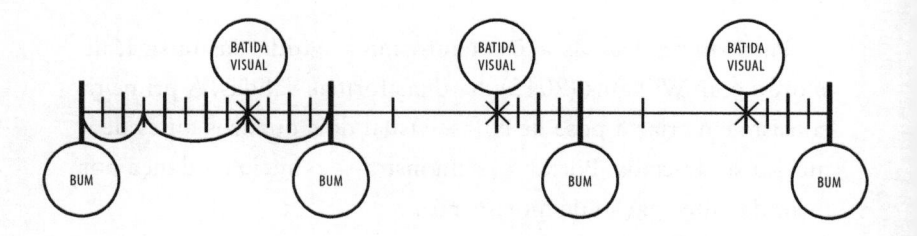

Fonte: Williams, 2012, p. 272.

No geral, o autor deixa claro que sempre é necessário experimentar e avaliar o que é mais adequado à situação proposta. Porém, a batida visual deve ser ou no mesmo tempo que a sonora ou antes. Quando colocada após o som, costuma-se obter um efeito ruim.

5.5 Antecipação

A antecipação é um recurso que comunica aos espectadores o que vai acontecer na narrativa. Desse modo, o público prevê a próxima ação e acompanha o movimento. Williams (2012) explica que isso acontece em razão do fato de que em quase toda ação existe uma antecipação natural, já que primeiro pensamos e depois agimos.

Sendo a antecipação uma preparação para uma ação principal, ela acontece em quase todas as ações, sendo sempre na direção oposta. Assim, a ação principal é evidenciada à medida que é antecipada pelo seu oposto.

Figura 5.26 – **Antecipação expressa no movimento de uma flecha**

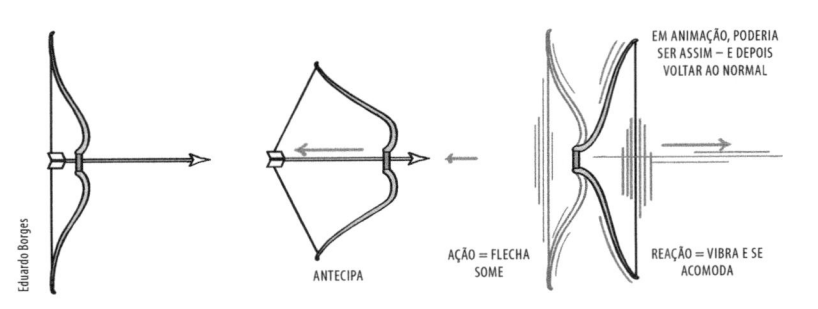

Fonte: Williams, 2012, p. 274.

Dessa forma, costuma-se ir para trás antes de ir para a frente, ir para a frente antes de ir para trás, ir para baixo antes de ir para cima e ir para cima antes de ir para baixo. Além disso, a antecipação tende a ser mais lenta ou menos intensa que a ação principal, valendo-se de elementos sutis.

O exemplo da Figura 5.27, a seguir, demonstra a antecipação do personagem ao levantar-se de uma cadeira. O corpo tende a ir para trás na cadeira antes de se inclinar para a frente e para baixo, movimento necessário para dar impulso e equilíbrio para levantar-se.

Figura 5.27 – **Antecipação expressa no movimento de levantar-se de uma cadeira**

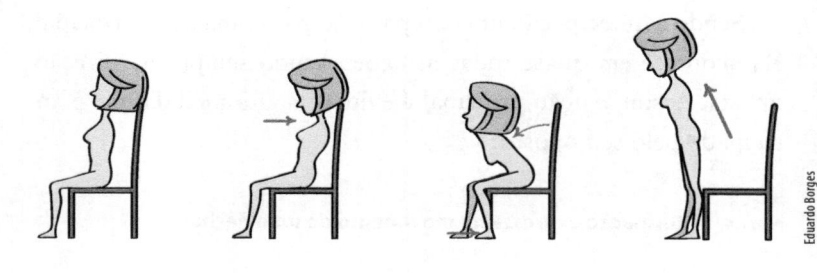

Fonte: Elaborado com base em Williams, 2012, p. 276.

Uma caminhada pode ser antecipada como mostra a Figura 5.28. O pé direito recua como forma de antecipação do movimento, criando o devido afastar das pernas para iniciar a ação. Assim, o pé esquerdo dá o passo inicial à frente.

Figura 5.28 – **Antecipação aplicada no início de uma caminhada**

Fonte: Elaborado com base em Williams, 2012, p. 276.

Em um salto de trampolim, a ação é antecipada duas vezes, na medida em que é necessário dar um pulo menor para que o personagem pegue impulso para realizar o salto. Primeiro, as articulações do joelho são "quebradas" e o arco das costas se inverte, ação oposta ao alongar necessário para o pulo. Depois, o personagem repete a mesma antecipação, agora com o gestual dos braços mais colado ao corpo, já que está na prancha do trampolim e precisa ter o devido equilíbrio. Em seguida, o arco se inverte em um movimento alongado para a frente.

Williams (2012) afirma que o recurso da antecipação é algo amplamente utilizado por mágicos. Entende-se que os mágicos profissionais empregam esse recurso para prender a atenção do público, que observa o que o mágico vai executar a fim de perceber como ele fez a mágica.

Uma forma de antecipação comum é sugerir que o personagem vê algo surpreendente inclinando sua cabeça ou apenas movendo seu olhar para cima. Essa prática pode ser aplicada por meio de um ou dois quadros na direção oposta àquela que o personagem está seguindo.

Figura 5.29 – **Antecipação em ações de surpresa**

Fonte: Elaborado com base em Williams, 2012, p. 283.

Da mesma forma, uma jogada de beisebol também pode ser antecipada com poucos quadros. Na figura a seguir, o jogador antecipa seu lançamento por meio de dois quadros. Ele recebe a bola, antecipa o movimento para a frente e depois recua para proceder com a ação principal.

Figura 5.30 – **Antecipação em uma jogada de beisebol**

Fonte: Elaborado com base em Williams, 2012, p. 284.

Williams (2012) argumenta que, em sequências de golpes, muitos animadores utilizam a antecipação como forma de explicar ao público o que vai acontecer, isentando-se de apresentar a ação principal do golpe, na qual há o contato físico entre os personagens, e finalizando apenas com o desenho do "pós-golpe". Acredita-se que essa prática intensifica o impacto da cena.

Williams (2012) comenta que, como a antecipação cria uma expectativa do que vai acontecer na cena, é necessário planejar bem a surpresa para que a ação principal não seja "boba". Conforme já mencionamos, ela precisa ser uma ação oposta, para assim ter como resultado algo ligeiramente imprevisível.

Criar muitas antecipações, com muitas poses transitórias pode gerar mais contraste, mas também pode tornar a animação banal. Desse modo, sugere-se trabalhar a ênfase por meio de um movimento mais enérgico ou mais sutil.

Uma ênfase abrupta e enérgica consiste em um movimento de "vai e volta", em que o personagem tende a recuar rapidamente, retomando o movimento em seguida. Já em uma ênfase suave, a antecipação é uma ação contínua que vai perdendo força ou velocidade até o seu fim.

5.6 Atuação e expressão

A atuação de uma pessoa consiste nas ações e nas expressões diferentes que ela tem ao longo do dia. Cada situação gera uma atuação diferente em virtude das circunstâncias e dos tipos de relações interpessoais tecidas em sociedade. Você age da mesma maneira com a pessoa amada e com um guarda de trânsito ou com o seu chefe e seus amigos?

Williams (2012) afirma que cada pessoa atua em papéis diferentes, utilizando a parte de sua personalidade mais apropriada para cada situação. Portanto, ora somos o estudante, ora somos a criança, ora somos o adulto responsável, ora somos o palhaço, por exemplo.

Para o animador, é de extrema importância que tenha consciência disso e de como expressar essas variantes de personalidade por meio dos desenhos. O animador deve incorporar a situação do personagem a fim de compreender a situação da narrativa, o que ele quer e por que quer.

Williams (2012) ressalta que todos nós sabemos sobre medo, ganância, fome, frio, luxúria, vaidade, amor e sono. Logo, basta compreender como diferentes personalidades lidam com as diversas emoções e sensações. A ideia é torná-las tão reais por meio do desenho que se tornem uma visão compulsiva.

O autor ainda salienta que é necessário pensar como um ator, de maneira a gerar a atuação da melhor maneira. Uma forma de planejar a atuação consiste em trabalhar nas miniaturas (*thumbnails*) das expressões dos personagens antes de animar. Essa prática torna o processo produtivo muito mais rápido, além de conferir mais qualidade à atuação dos personagens.

As expressões faciais são parte importante na atuação do personagem. Thomas e Johnston (1981 citados por Williams, 2012) afirmam que a simples mudança de expressão de um personagem pode sugerir um processo de pensamento, passando de uma ideia a outra. Por exemplo, abaixando-se gradualmente as sobrancelhas, erguendo-se apenas uma e modificando-se o olhar, já se consegue expressar uma ação importante para uma cena. Antecipando-se movimentos da sobrancelha por meio de um movimento de sobe e desce, é possível reforçar ainda mais a ação de pensamento.

Portanto, criar um contraste por meio da antecipação é algo interessante de se fazer com as expressões faciais. É necessário ter um ponto de partida oposto à expressão final.

O exemplo da Figura 5.31, a seguir, mostra um personagem que subitamente ouve um barulho, se assusta e vira a cabeça em busca de identificar uma causa. A expressão tranquila cria maior contraste com a expressão de surpresa que vem em seguida.

Figura 5.31 – **Atuação de susto**

Fonte: Elaborado com base em Williams, 2012, p. 322.

A ideia não é alterar a expressão ao longo do movimento, pois assim ela não seria percebida. A ideia é inserir uma pose de passagem que demonstre a mudança de expressão antes da ação principal. A mudança precisa ser vista e notada pelo espectador, não durante um movimento amplo, a menos que ele seja lento.

Williams (2012) afirma que a linguagem corporal é fundamental na animação, na medida em que ela consegue expressar muito mais sentido em uma maior diversidade de culturas do que a verbal, já que é universal. Dessa maneira, o autor sugere que os animadores sempre reduzam as falas dos personagens ao mínimo necessário, tornando a história clara o suficiente.

A **simetria** ou **espelhamento** consiste na prática natural do ser humano de movimentar igualmente os braços e as mãos. Esse recurso expressa harmonia, equilíbrio, ordem e autoridade conforme o caso, sendo seguido por uma pose plena.

Figura 5.32 – **Simetria dos movimentos**

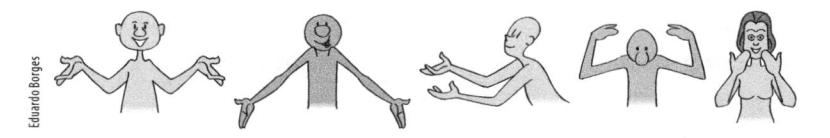

Fonte: Elaborado com base em Williams, 2012, p. 324.

Williams (2012) aponta que, no âmbito na animação, o uso corrente do espelhamento pode conotar que a animação é fraca, devendo ser, portanto, criterioso, visto que é necessário para imprimir realidade. Uma forma de descaracterizar uma pose simétrica é atrasar uma das mãos ou braços por pelo menos quatro quadros; assim, quebra-se o efeito engessado produzido pela animação espelhada.

Figura 5.33 – **Atrasar movimentos como forma de evitar a simetria**

Fonte: Elaborado com base em Williams, 2012, p. 325.

Williams (2012) sugere que, quando o projeto tem um prazo curto, o animador deve concentrar-se nos olhos dos personagens, pois os espectadores tendem a voltar sua atenção a eles. Os olhos são elementos muito expressivos que podem fazer toda a diferença em uma cena. Por meio deles, é possível comunicar-se com o público e transmitir o sentido da narrativa.

Um bom exemplo é o olhar das pessoas quando elas atendem o telefone. Pode-se notar que os olhos expressam as mudanças de pensamento e até mesmo a tentativa de visualização mental do que a pessoa fala do outro lado da linha.

Os olhos raramente ficam parados e, quando ficam, podem denotar foco, tristeza ou falta de interesse. No geral, apresentam pequenos movimentos súbitos. O piscar de olhos pode ser realizado de diversas formas na animação, porém Williams (2012) sugere a fórmula da Figura 5.34, a seguir.

Figura 5.34 – **Fórmula para animação de olhos, segundo Williams (2012)**

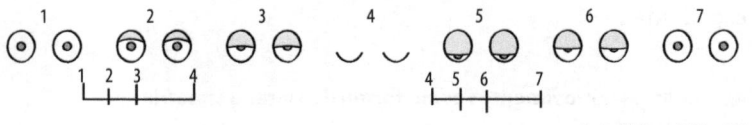

Fonte: Williams, 2012, p. 326.

Ainda que extremamente básica, essa fórmula de piscar de olhos é muito eficaz e abre espaço para que o animador desenvolva outras formas de piscar.

Por fim, cabe destacar que criar uma boa atuação para o personagem envolve comunicar o propósito da cena de forma clara. Nesse sentido, a antecipação ajuda a entrar no personagem, compreender e expor suas emoções, por meio das expressões faciais e corporais, bem como mostrar nitidamente o que ele está pensando, com base na animação elaborada dos olhos. Desse modo, configura-se a fórmula perfeita para a animação de personagens.

5.7 Ação animal

Para animar personagens animais, não há muito mistério. Deve-se procurar seguir as mesmas etapas observadas no caso de um personagem humano, isto é, começar pelas poses de contato e identificar quais são os pontos altos e baixos, onde fica o peso e qual é sua velocidade de caminhada ou corrida.

Williams (2012) salienta que é interessante começar com a pata dianteira e esclarece que o animador deve pensar como se dois personagens humanos andassem colados, a uma certa distância e com os pares de pernas ligeiramente dessincronizados.

A caminhada de quatro patas é formada por duas poses de contato principais. Na primeira, uma das patas traseiras é levantada, enquanto as demais fazem contato com o chão. A pélvis ganha uma posição mais elevada, à medida que o tórax é rebaixado pelo contato das patas frontais no chão, que garantem o equilíbrio. Os ombros ficam levemente elevados, sendo o do primeiro plano mais baixo que o do segundo plano. A cabeça, por sua vez, desce acompanhando o movimento do tórax.

Figura 5.35 – **Ação em animal de quatro patas**

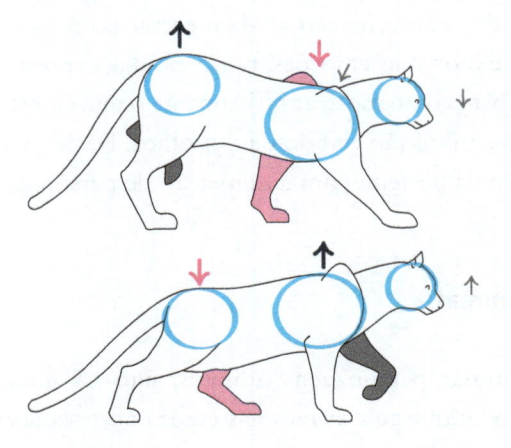

Fonte: Elaborado com base em Williams, 2012, p. 327.

Depois, a outra pose de contato apresenta a pata dianteira do segundo plano levantada, enquanto as demais fazem contato com o chão. A pata dianteira do primeiro plano recebe o peso do corpo, ficando reta e ocasionando a subida do tórax, assim como a subida com atraso da cabeça. A pata traseira do primeiro plano é alongada, promovendo o andar e fazendo com que a pélvis abaixe em virtude do contato com o chão.

Entende-se que a distribuição de peso no corpo dos animais ocorre de forma um pouco diferente, o que exige maior pesquisa para compreender de onde o peso vem e para onde vai conforme o movimento. Ao pesquisar um animal para a elaboração de sua versão animada, deve-se considerar sua constituição física, o tipo, o tamanho e o convívio com os demais.

Ken Harris (citado por Williams, 2012) realizou um grande estudo sobre as ações de vários animais, a fim de identificar como eles andam, como caminham, como funciona a distribuição de peso em cada caso. Harris chegou à seguinte conclusão: todos os animais caminham quase que da mesma forma.

De acordo com Harris, ainda que se pretenda obter um resultado realista, o animador deve lembrar que se trata de um desenho. Logo, entende-se que algumas adaptações podem ser necessárias para melhor representar o movimento em cada caso.

Tendo isso em vista, elaborou uma fórmula básica para ciclos de caminhada animal, como mostra a figura a seguir. No geral, a cabeça vira em direção oposta à do pé dianteiro em ação. A cauda se move guiada pela ação das pernas traseiras.

Figura 5.36 – **Fórmula para ação de animais de quatro patas, segundo Harris**

Fonte: Elaborado com base em Williams, 2012, p. 328.

Williams (2014) explica que, compreendendo-se a essência do ciclo de caminhada de animais de pequeno, médio e grande porte, é possível aplicar a mesma lógica a outros animais de mesma estrutura física.

Por exemplo, um gato se curva de um lado para o outro ao longo de uma caminhada, esticando-se e alongando o corpo, o que é característica dos felinos. Nota-se que a coluna fica côncava à medida que é esticada e convexa quando é comprimida, variando levemente nas posições intermediárias.

Um cachorro, por sua vez, estira-se e comprime-se na cabeça e na pélvis, bem como no tórax. O movimento nessas áreas pode ser descrito como elíptico ou em arcos. A potência do movimento está na pélvis, enquanto o tórax se move menos.

Figura 5.37 – **Flexibilidade nos movimentos do cachorro**

Fonte: Elaborado com base em Williams, 2012, p. 381.

Na maior parte dos animais de quatro patas, pode-se iniciar a animação de um ciclo de corrida com base no planejamento da pélvis, em vez dos contatos com o chão.

Já no caso dos cavalos, sugere-se planejar separadamente os altos e baixos das pernas traseiras e dianteiras. Para combinar os movimentos de todas as pernas, Williams (2012) recomenda que o animador inicie pelas pernas traseiras, que geram a potência para o movimento.

No caso dos pássaros, Williams (2012) apresenta uma fórmula geral para se realizar um bater de asas. A fórmula consiste em desenhar o corpo subindo, quando as asas estão empurrando o ar para baixo, e descendo, quando as asas sobem.

Figura 5.38 – **Animando pássaros**

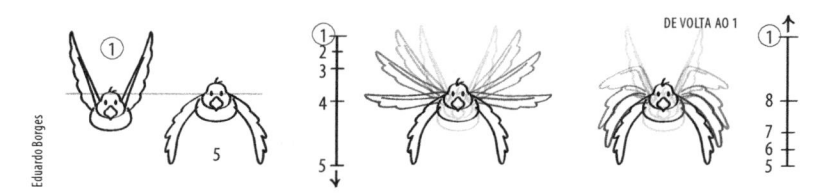

Fonte: Elaborado com base em Williams, 2012, p. 387.

As asas batem retas ao descer, dobrando-se ao voltar para cima. Com isso, retrata-se a redução de resistência ao ar, transmitindo realismo.

Assim, podemos notar que muito do que se aplica à animação de personagens humanos pode ser considerado também no caso de animais, mesmo que estes não sejam humanizados. Basta que o animador apure seu olhar atento à forma orgânica nos movimentos e estude cada espécie de animal buscando identificar seus movimentos principais, além de compreender seu instinto e sua personalidade. Desse modo, obtém-se um resultado bastante convincente.

5.8 Diálogos e sincronização

Como não há um padrão que relacione o formato da boca a cada consoante e vogal, até porque cada pessoa tem um desenho de boca e a movimenta de modo diferente, não há também uma maneira definida para se animar cada letra individualmente.

É claro que todas as bocas se abrem para emitir o som das vogais "a", "e", "i", "o", "u", assim como se fecham para as consoantes "b", "m", "p", "f", "t" e "v", e a língua se posiciona atrás dos dentes para as consoantes "n", "d", "l" e "t". Contudo, muitas dessas posições de boca podem ser imprecisas.

No geral, o fraseado funciona como o cantar de uma música. As pessoas não falam cada letra individualmente, então é preciso animar o movimento da boca considerando-se o som das palavras, suas sílabas e o caminho entre uma sílaba e outra.

Ao cantar uma música, você não fala cada palavra perfeitamente, você foca as partes principais, "borrando" algumas partes. Williams (2012) ressalta que você não precisa atingir cada nota perfeitamente. O mesmo acontece com os diálogos e a sincronização na animação.

Como cada pessoa tem um formato de boca diferente, há casos em que os dentes superiores são visíveis na maior parte do tempo ou os dentes inferiores são os que aparecem mais. Williams (2012) explica que as consoantes mais importantes são as emitidas com a boca em posição fechada.

Figura 5.39 – **Consoantes emitidas com a boca fechada**

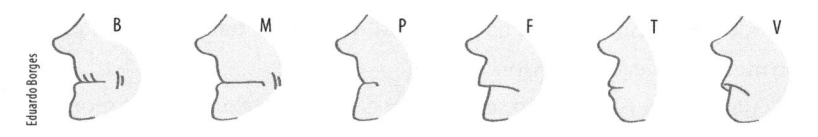

Fonte: Williams, 2012, p. 306.

Para formá-las, é necessário trabalhar com pelo menos dois quadros. Caso essas posições não sejam realizadas, tende-se a ter problemas com a execução da vogal seguinte.

Williams (2012) comenta que, para obter um **diálogo nítido**, deve-se evidenciar as vogais "estalando-as", sem amortecê-las com o uso de quadros intermediários.

Vale ressaltar a importância do cuidado com a parte inferior do rosto, que oscilará entre esticar e comprimir, sendo essas mudanças essenciais para que a animação não fique rígida.

Quanto aos lábios, a sincronização labial consiste em verificar a forma da palavra e aplicá-la em poucos movimentos, de modo que se possa entendê-la. Apenas as poses importantes devem ser selecionadas. Assim como os dubladores fazem, considera-se que é primordial concentrar-se no início do diálogo, nas sílabas mais enfáticas e em seu fim, encobrindo o meio, que passa despercebido.

Williams (2012) destaca que, como os dentes superiores estão presos ao crânio, eles não são animados. Dessa maneira, a ação da mandíbula inferior é a parte principal da sincronização, pois se move para cima e para baixo e, com ajuda dos lábios e da língua, forma os sons.

O autor afirma que não se deve jamais criar poses intermediárias para a língua na fala, pois a língua faz movimentos muito rápidos para cima e para baixo e, ainda que faça pausas, esse meio termo nunca é visto propriamente.

Os dentes, por sua vez, devem ser consistentes para dar suporte à leitura labial que o espectador fará naturalmente. No entanto, a prática de aplicar dentes moles como borracha é amplamente utilizada, tornando a animação exageradamente cômica.

Entende-se que é necessária a criação de pelo menos dois quadros para que seja possível ler as consoantes mais importantes, como "m", "b", "p", "f", "v" e "t". Do contrário, o espectador não conseguirá visualizá-las e compreendê-las.

A sincronização da imagem e do som pode ser feita de várias formas diferentes. É possível criar níveis de som e animar a imagem um quadro à frente ou até mesmo dois quadros à frente da modulação do som. Williams (2012) sugere que se trabalhe com níveis de som, formando pares e trabalhando um quadro à frente.

O autor esclarece que a prática de animar a imagem dois quadros antes do som é bastante comum. Porém, dependendo do caso, a sincronização pode funcionar melhor por meio da técnica em níveis ou com a animação da imagem até três quadros à frente. Há várias formas de sincronizar e o animador deve experimentá-las para ver o que funcionará melhor para o projeto.

Ainda considerando isso, Williams (2012) defende que a sincronização em níveis é mais real, pois a modulação tende a ser mais lógica. Para testar a sincronia de nível, o autor explica que se deve avançar a imagem um, dois ou três quadros. A quantidade de quadros vai variar conforme o personagem e o tipo de voz em questão.

Como mencionamos anteriormente, os dentes superiores são presos ao crânio e não se movimentam. Dessa forma, para criar as ênfases visuais necessárias para os diálogos, é preciso aplicar as ações da boca no nariz. A ênfase no nariz é antecipada três ou quatro quadros em relação ao momento em que a boca abre para realizar o som.

Figura 5.40 – **Movimentos do nariz durante a fala**

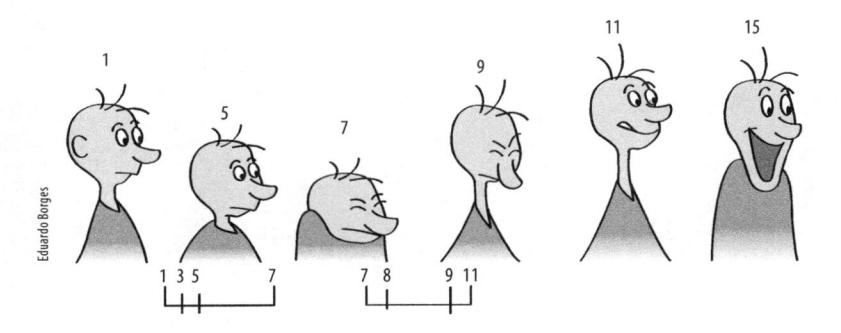

Fonte: Elaborado com base em Williams, 2012, p. 311.

Então, deve-se antecipar para baixo o movimento, considerar as ênfases para cima e focar os lábios para os sons de vogal. Esse processo pode ser aplicado de forma inversa de acordo com a necessidade.

Portanto, podemos notar a grande importância de se alinhar o movimento de outros elementos que naturalmente são acionados durante a fala, obtendo-se, assim, um resultado coeso e de fácil interpretação pelo espectador.

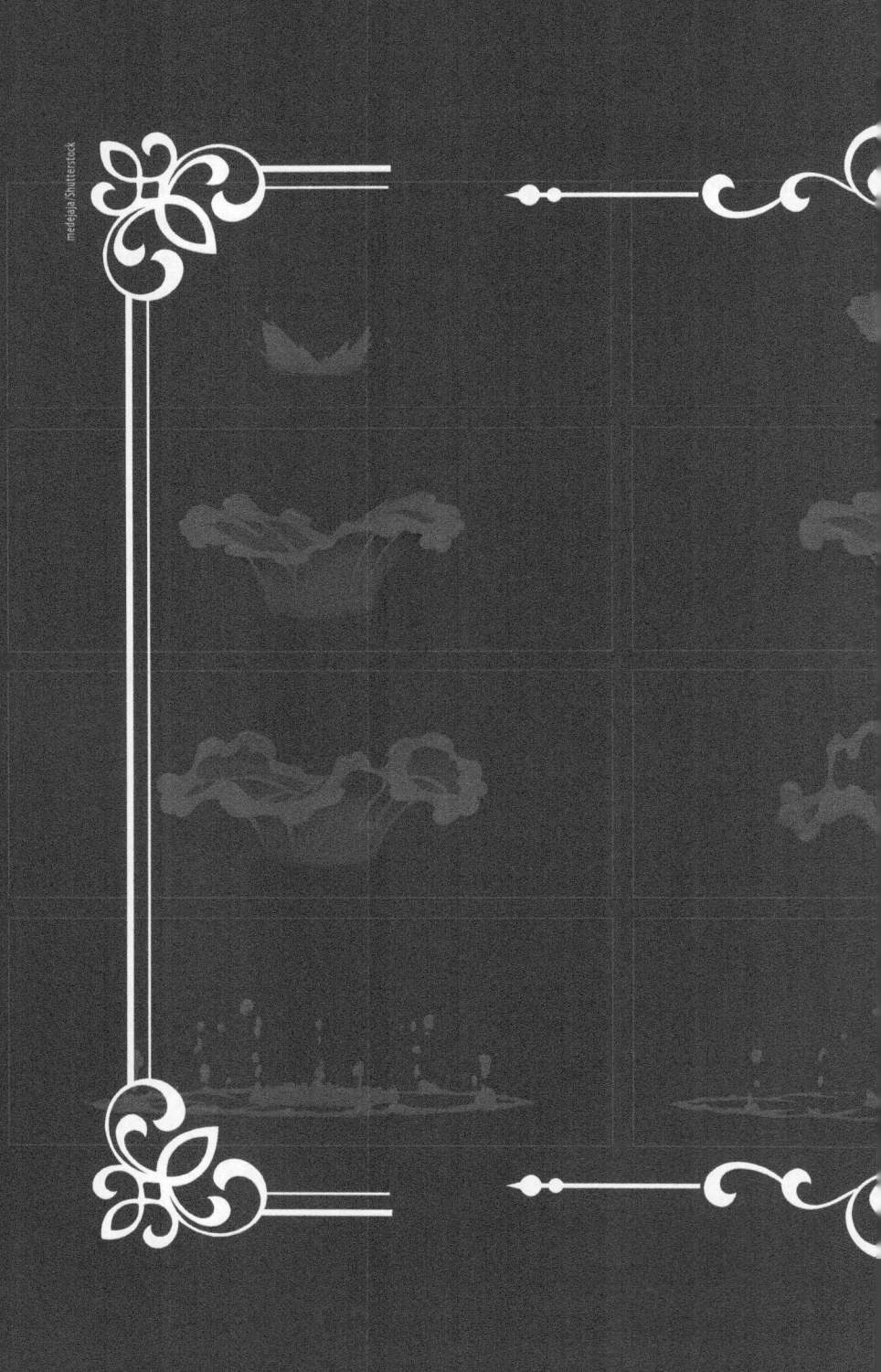

CAPÍTULO 6

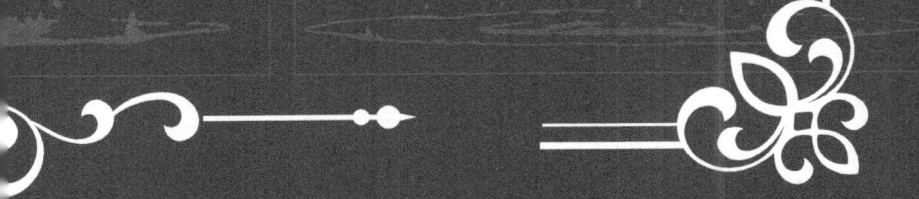

A ANIMAÇÃO PARA ALÉM DO PERSONAGEM

Nos capítulos anteriores, examinamos a questão conceitual relacionada à concepção da narrativa e uma grande variedade de técnicas de animação de personagens para os mais diversos propósitos. Neste capítulo, abordaremos aspectos gerais referentes à criação de cenários e à elaboração da composição do projeto. Além disso, trataremos da edição e dos efeitos visuais, considerando programas de animação 2D, bem como do processo de finalização do projeto por meio da renderização e da publicação.

6.1 Cenário

Como vimos no Capítulo 2, o mercado de animação utiliza técnicas realmente industriais para a produção de suas obras. A divisão dos processos de produção se assemelha ao modelo taylorista, já que cada profissional se torna um especialista de determinado aspecto da animação, como o colorista, o animador de um personagem específico, o animador de *clean-up* e o *concept artist*. Porém, ainda que utilize esses moldes industriais, a animação consegue imprimir a linguagem cinematográfica.

No âmbito dos cenários, **a situação** não é diferente. A criação do cenário se inicia por meio do trabalho do roteirista, que descreve o básico da composição das cenas. Depois, um roteirista visual assume o papel de desenhar as peças principais do desenvolvimento visual e o *storyboard*. Em seguida, o artista responsável pelo *layout* se fundamenta no projeto de desenvolvimento visual realizado pelo roteirista visual a fim de fazer a devida decupagem do filme, especificando, assim, aspectos da composição, como enquadramentos, perspectivas, movimentos de câmera, posicionamento dos efeitos especiais e dos personagens em cena.

Por sua vez, o artista de cenários ou "cenógrafo é a pessoa responsável pelo visual dos ambientes do cenário, cabendo a ele elaborar os mínimos detalhes de cada elemento para que eles façam sentido na cena conforme o conceito e o propósito da narrativa.

Além disso, vale ressaltar o trabalho do artista responsável pelo traço final do desenho de todos os elementos, inclusive dos personagens, e do artista de composição, que se responsabiliza pela composição geral da animação, devendo conferir se as cenas estão coesas e coerentes entre si, além de garantir que o resultado esteja de acordo com o proposto pelos diretores e artistas de *layout*.

Polson (2013) salienta que todos esses profissionais devem conhecer muito bem a história antes de iniciar seus trabalhos, na medida em que, quanto melhor eles a compreenderem, mais noção terão de como desenhá-la, visto que a história influenciará a escolha das cores, das formas, da luz e da sombra empregada nos cenários.

Os cenários são de grande importância para as animações pois situam os personagens em determinado contexto (local, clima, tempo ou período histórico), além de darem suporte à transmissão do caráter cômico ou dramático da cena. Desse modo, o cenário consolida a direção de arte, uma vez que todos os personagens e os elementos devem imprimir unidade e fazer parte do mesmo mundo (Polson, 2013). Assim, se o ambiente é complexo e realista, o cenário deve apresentar uma elaboração mais detalhada; da mesma forma, se o ambiente é caricato, o cenário deve ser estilizado.

Entende-se que, antes da escrita dos roteiros, as imagens, as referências e os *concept arts* iniciais devem ser elaborados para guiar o trabalho dos roteiristas. Esse material funciona como um ponto de partida, a fim de situar o profissional a respeito de onde a história se passará. Dessa forma, evitam-se erros de continuidade e obtém-se maior coerência.

Após a finalização dos roteiros, o diretor de arte faz a decupagem das locações descritas e discute com o diretor aspectos mais específicos para a criação de cada cenário. Dessa maneira, determina-se a lista de objetos de cena, como no caso de uma sala de estar, com uma televisão, um sofá, um tapete, um controle remoto, alguns quadros etc., além de aspectos como o horário do dia em que ela se passa e o clima a ser considerado, se é de descontração, medo, drama, romance ou cômico.

No caso de casas e quartos, os elementos devem ser coerentes com a personalidade do personagem que lá habita. Além disso, Polson (2013) sugere que sejam adicionados elementos que conotem a rotina desse personagem, como louça para lavar na pia ou roupas em cima da cama, por exemplo.

Freire (2018) destaca que, na produção de séries animadas, é importante que seja determinado um cenário máster. O cenário máster consiste em um ambiente completo com ângulo de visão aberto e amplo horizontalmente. Considera-se que esse cenário deve ter uma linha de ação definida e ser elaborado de forma que os elementos não obstruam o caminho principal.

O cenário máster é desenvolvido por meio de pesquisa realizada com base em locações reais, objetos e possíveis ângulos de cena, que são consolidados em um rascunho. Esse rascunho é enviado para os profissionais responsáveis pelo *storyboard*, que já o utilizarão como referência.

Os profissionais envolvidos com o *storyboard* devem explorar novos ângulos do cenário, de modo a evitar um ambiente engessado por um único ponto de vista. Freire (2018) salienta que, em um diálogo, é interessante que o mesmo cenário seja apresentado também pelo ângulo de visão de cada personagem, por meio da prática de filmagem *over the shoulder*, além da vista máster.

O autor acrescenta que, em casos de cenários amplos e detalhados, faz-se necessária a criação de uma planta baixa do local para guiar os artistas. Assim, eles podem explorar melhor toda a visão espacial da locação e criar ângulos novos para diferentes propósitos de cena.

Figura 6.1 – **Rascunho de planta baixa de ambiente externo**

Durante o desenvolvimento de séries animadas, é comum que os roteiristas criem uma demanda por novos cenários, a fim de que a série não fique monótona (Freire, 2018). Desse modo, alguns cenários muitas vezes serão criados para o uso em um episódio único, como no caso de lembranças do passado (*flashbacks*) ou cenas que são parte da imaginação dos personagens. Entretanto, esse tipo de episódio, repleto de novos contextos, deve ocorrer em menor quantidade, tendo em vista o alto custo de produção e a sobrecarga de trabalho.

Cada cenário pode receber versões diferenciadas para uso diurno ou noturno, bem como para retratar cenas com luzes acesas ou apagadas. Segundo Freire (2018), com frequência, essas modificações resultam na criação do zero de um novo cenário, em razão da necessidade de se trabalhar a pintura da arte conforme a nova perspectiva da cena.

6.2 Perspectiva

O trabalho de perspectiva é muito importante na construção coerente de cenários. Nesse sentido, cabe atentar para a definição de alguns termos relativos ao desenho em perspectiva.

O **nível do olho** consiste na altura em que o artista observa os objetos. A **linha do horizonte** é a linha imaginária que corresponde ao encontro entre o céu e a terra, sempre no nível do olho. Já as **linhas fugantes** são responsáveis pela ilusão de três dimensões no desenho tradicional 2D e convergem para o ponto de fuga. Por sua vez, o **ponto de fuga** se constitui em um ponto para o qual todas as linhas de construção do cenário convergem quando em perspectiva (Guia..., 2016).

Para criar perspectivas mais impactantes, sugere-se trabalhar com mais pontos de fuga, havendo, assim, maior distorção da cena. A figura a seguir mostra que, com base no uso de cinco pontos de fuga, sendo os dois pontos extras posicionados na parte superior do objeto, obtém-se uma visão aérea da cena.

Figura 6.2 – **Perspectiva com cinco pontos de fuga**

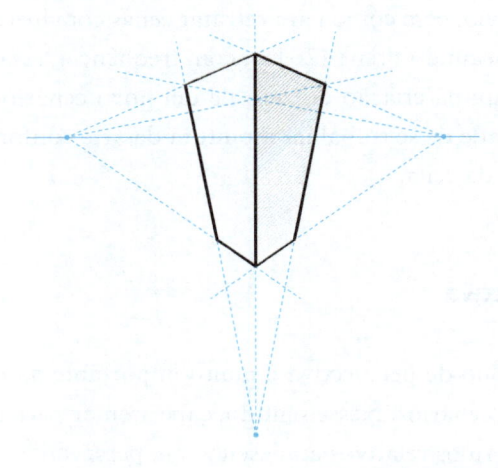

Fonte: Elaborado com base em Guia..., 2016, p. 15.

É possível colocar quantos pontos de fuga forem necessários para o desenvolvimento de uma cena, uma vez que cada elemento pode precisar ser representado por um ângulo diferente (Guia..., 2016).

Para a construção de uma casa, por exemplo, inicia-se criando um cubo em perspectiva. Para formar o cubo, traça-se uma linha horizontal, a fim de estabelecer a linha do horizonte, e posicionam-se os dois pontos de fuga para ter a devida noção de distância. Em seguida, a fim de definir o centro perspectivo do cubo, traçam-se mais quatro linhas a partir dos pontos de fuga. Para concluir o cubo, deve-se traçar um "x" a partir de cada canto dos quadrados a fim de encontrar o centro perspectivo.

Figura 6.3 – **Construção de casa em perspectiva: a base**

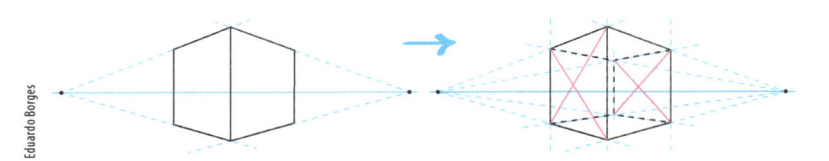

Fonte: Elaborado com base em Guia..., 2016, p. 16.

Para a criação do telhado da casa, deve-se traçar uma linha vertical a partir do centro de cada "x" para cima. Em seguida, acrescentam-se elementos como portas e janelas, ainda considerando os pontos de fuga, para seguir a mesma perspectiva. Para um resultado mais caricato, pode-se estilizar a estrutura do desenho de modo a torná-lo mais divertido.

Figura 6.4 – **Construção de casa em perspectiva: o telhado**

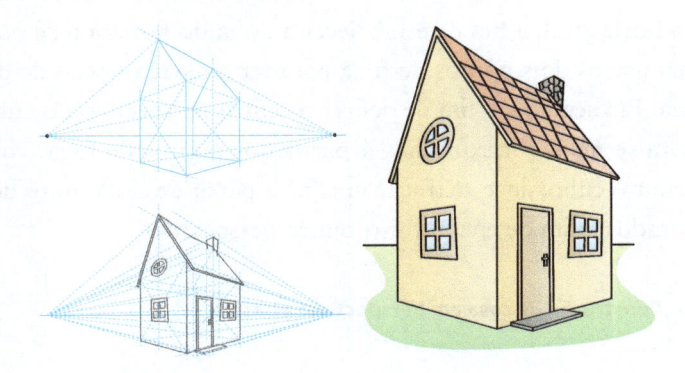

Fonte: Elaborado com base em Guia..., 2016, p. 16-17.

Para gerar a perspectiva aérea, utilizam-se três pontos de fuga, sendo dois dos pontos posicionados na linha do horizonte e o terceiro na vertical, acima ou abaixo da linha. Todas as linhas convergentes são direcionadas para os pontos de fuga. Em seguida, identifica-se o centro perspectivo com um "x", como explicado anteriormente, e traça-se a linha do centro perspectivo a partir do terceiro ponto de fuga, abaixo da linha do horizonte, passando pelo centro do "x".

Assim, obtêm-se os pontos necessários para formar o telhado. Por fim, basta acrescentar os detalhes. A figura a seguir mostra como tudo segue em direção aos pontos de fuga.

Figura 6.5 – **Construção de casa em perspectiva aérea: base e telhado**

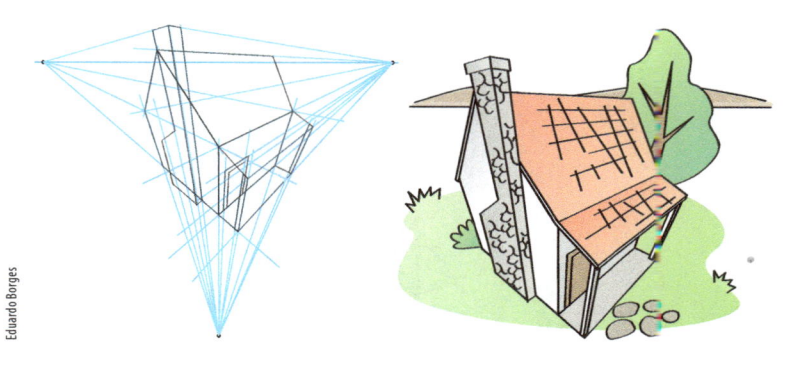

Fonte: Elaborado com base em Guia..., 2016, p. 19.

A chamada *perspectiva esgoto* consiste na visão terrestre do objeto, ou seja, a visão de baixo para cima. Assim como a perspectiva aérea, a esgoto pode ser executada utilizando-se três pontos de fuga, porém o ângulo é marcado acima da linha do horizonte (Guia..., 2016).

O procedimento de construção é bem similar aos anteriores. Marca-se o centro perspectivo com um "x". Para a formação do telhado, segue-se a linha partindo do ponto de fuga superior e passa-se pelo centro de cada "x".

Figura 6.6 – **Construção de casa em perspectiva esgoto: detalhes**

Fonte: Elaborado com base em Guia..., 2016, p. 21.

Os detalhes devem ser aplicados seguindo-se a perspectiva e direcionando-se os pontos de fuga. Pode-se finalizar tornando alguns detalhes mais caricatos.

6.2.1 Perspectiva de cinco pontos ou "olho de peixe"

A perspectiva de cinco pontos ou "olho de peixe" é aplicada quando se deseja transmitir mais dinamismo. Nela se utiliza a angulação referente à câmera de um diretor de filmes *live action*, estabelecendo-se, assim, uma relação entre o espectador e a cena mais interativa.

Para construir cenários com base nessa perspectiva, deve-se fazer um círculo e dividi-lo horizontal e verticalmente, formando quatro partes. Depois, marcam-se os devidos quatro pontos de fuga nas extremidades e aplica-se um quinto ponto de fuga no centro, para servir de base para a percepção de profundidade.

Utilizando-se esse tipo de perspectiva, é possível trabalhar também uma visão frontal esférica desse mesmo cenário. Para isso, deve-se fazer um círculo e dividi-lo em quatro partes iguais, marcando os pontos de fuga em seguida. Nesse caso, são cinco pontos, quatro situados nas extremidades e um no centro do círculo.

Por fim, basta criar as marcações dos prédios conforme esses pontos de fuga, atentando-se para os detalhes e apagando-se as linhas de construção da perspectiva em seguida.

Entende-se que também é possível criar cenários internos valendo-se do mesmo conceito, com a utilização de cinco pontos de fuga. Na figura a seguir, podemos ver o processo de construção de uma sala de estar.

Figura 6.7 – **Construção de vista interna na perspectiva "olho de peixe"**

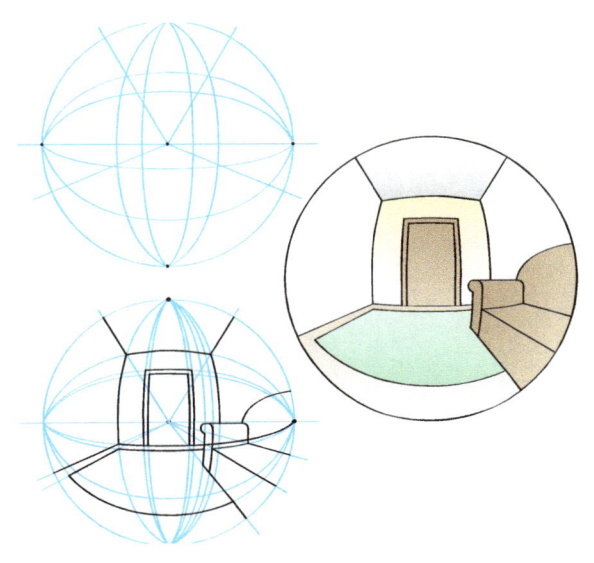

Fonte: Elaborado com base em Guia..., 2016, p. 23.

O processo é quase o mesmo. Depois de marcar os pontos de fuga, demarcam-se as linhas fugantes, que auxiliaram na criação da parede ao fundo, e traçam-se os demais elementos seguindo a perspectiva. Note como tudo fica situado no interior das linhas fugantes.

6.2.2 Perspectiva panorâmica ou 360°

Na animação em 3D e nos filmes *live action*, quando se deseja alterar a perspectiva de um mesmo cenário, basta alterar o movimento de câmera. Já na animação 2D, isso é bem mais trabalhoso, pois é necessário animar cada quadro e cada movimento novamente.

Entretanto, por meio da perspectiva panorâmica ou 360°, é possível simular esse efeito desenhando-se o cenário com uma parte da perspectiva do ponto inicial e outra perspectiva na parte final do movimento de câmera. A figura a seguir, referente a um cenário de quarto, exemplifica o resultado desse processo para melhor compreensão.

Figura 6.8 – **Exemplo de planta baixa de um quarto**

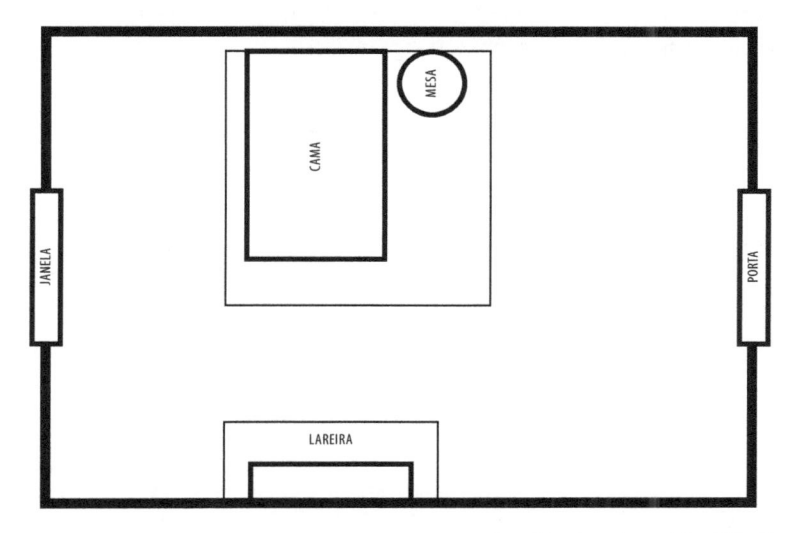

[Planta baixa com elementos: CAMA, MESA, JANELA, PORTA, LAREIRA]

Fonte: Elaborado com base em Guia..., 2016, p. 25.

Para criar esse efeito, é necessário ter prática no desenho da perspectiva "olho de peixe". Primeiro, sugere-se criar um rascunho da planta baixa do ambiente para ser usada como um guia dos elementos a serem dispostos no desenho.

No cenário de um quarto, criam-se três círculos, permitindo uma visão mais ampla do espaço, e onze pontos de fuga, sendo os centrais responsáveis por definir a proporção e os laterais por obter a distorção óptica do efeito "olho de peixe". Em seguida, traçam-se as linhas de construção destinadas a auxiliar no traço dos desenhos na devida angulação.

Uma vez pronto o cenário, o simples movimento da câmera da esquerda para a direita já será o suficiente para dar a impressão de visão panorâmica do ambiente.

Figura 6.9 – **Demonstração de enquadramento e movimentação de câmera**

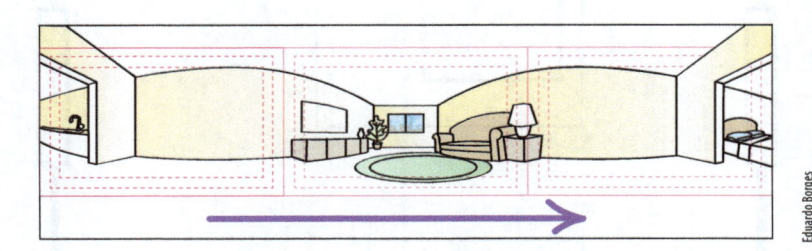

Fonte: Elaborado com base em Guia..., 2016, p. 27.

Como o início e o fim do cenário consistem justamente no desenho da porta, o espectador tem a sensação de que foi possível percorrer todo o espaço.

6.3 Movimentos de câmera

Antes do advento da era digital, as animações eram filmadas com uma câmera que era posicionada pendurada acima da mesa, apontando para baixo. Whitaker e Halas (2013) comentam que, muitas vezes, podiam ser câmeras tão simples quanto as domésticas que eram fixadas nas prateleiras ou mesas ou até mesmo enormes câmeras profissionais com duas colunas de suporte. No geral, a configuração era padrão, utilizava-se sempre uma câmera de quadro único montada em uma coluna, e a arte era posicionada em pinos em uma mesa com uma pesada placa de vidro.

Grandes barras de encaixe superior e inferior permitiam movimentar a arte e, assim, promover o efeito dos movimentos de câmera que conhecemos hoje, como a panorâmica e o *travelling*. Uma caixa de luz ao fundo da mesa iluminava as imagens, que não perdiam o foco porque as câmeras contavam com foco automático.

Trilhos eram usados para fazer a câmera avançar e recuar, a fim de obter o que chamamos de *zoom in* e *zoom out*. Whitaker e Halas (2013) salientam que, enquanto a câmera se movia de forma fixa, aproximando-se do desenho, os outros movimentos em direção norte-sul e leste-oeste eram feitos pela própria mesa, que se movia.

Dessa maneira, era necessário fazer um grande planejamento da cena antes de ela ser executada. O animador finalizava a ação da cena de forma detalhada, e outro profissional específico para o planejamento convertia o tempo do diretor em instruções para a câmera, anotando os tamanhos dos campos e marcando os quadros nos quais os movimentos de câmera deveriam iniciar e parar. Após isso, o cinegrafista assumia o controle do trabalho e criava os movimentos necessários com a devida precisão.

Os movimentos de câmera simulam a visão do espectador em relação à cena (Guia..., 2016). Desse modo, a câmera guia o olhar do espectador para os pontos principais da animação. Assim, cada tipo de movimento de câmera pode sugerir o destaque de um elemento da sequência. A seguir, descrevemos os cinco tipos principais de movimento de câmera

Panorâmica ou pan horizontal

Consiste no movimento de câmera horizontal que descreve a cena, de forma a simular o natural deslocamento da cabeça do espectador, iniciando da esquerda para a direita ou vice-versa. Geralmente, utiliza-se esse tipo de movimento para mostrar mais amplamente o cenário ou acompanhar a trajetória de um personagem.

Figura 6.10 – **Movimento de câmera panorâmica ou pan horizontal**

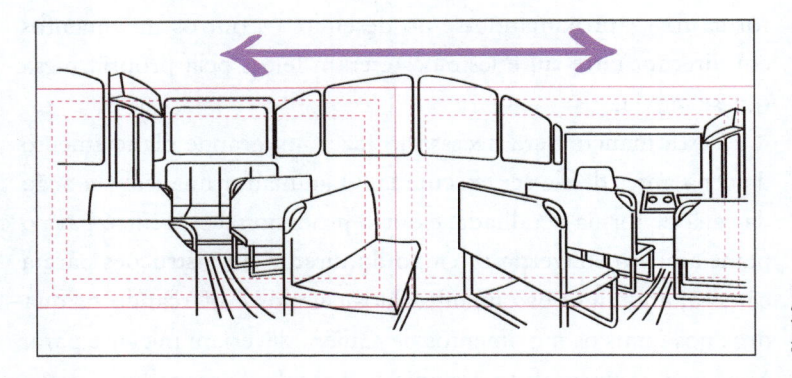

Fonte: Elaborado com base em Guia..., 2016, p. 34.

Tilt **ou pan vertical**

De forma semelhante à pan horizontal, simula o natural deslocamento da cabeça do espectador, porém agora partindo de cima para baixo ou de baixo para cima. Esse movimento é muito utilizado para descrever um objeto ou uma pessoa. Em geral, é usado em cenas de suspense, revelando o personagem que está chegando aos poucos.

Travelling **ou truck**

Esse movimento simula o deslocamento de cabeça lateral do espectador conforme este acompanha um personagem ou um objeto em movimento na cena.

Whip pan **ou chicote**

Esse movimento representa uma transição rápida de uma cena para outra. A câmera começa em uma cena e sai dela encaixando-se rapidamente em outra. Os movimentos de pan horizontal ou *tilt* podem ser utilizados para gerar esse efeito.

Zoom in **e** *zoom out*

O *zoom in* consiste no movimento de se aproximar e focar algo na cena; já o *zoom out* ocorre quando há o afastamento de um elemento de cena, focando-se o cenário de forma mais ampla.

6.4 Enquadramento e tipos de plano

O enquadramento consiste em decidir o que será exibido e como isso será feito em cada parte da animação ao longo de sua trajetória. Assim, a escolha de enquadramentos sugere o modo como os espectadores perceberão o universo retratado na narrativa. No geral, pode-se afirmar que a escolha do plano implica determinar a distância entre a câmera e o objeto ou o personagem a ser exibido.

Antes da definição dos diferentes tipos de plano conforme o ângulo de corte, é necessário relembrar a diferença entre plano e sequência, uma vez que tais termos podem ser confundidos em alguns casos.

O **plano** é uma unidade básica cinematográfica que é constante na medida em que não apresenta cortes no sentido físico. Já a **sequência** consiste no conjunto de planos correlatos que têm a mesma duração contínua de uma ação, do início ao fim, sendo seguida de outra que representa outro tempo ou espaço.

Os principais planos conforme o ângulo de corte estão descritos a seguir e refletem tanto a ideia de foco na figura humana quanto suas ações dentro do cenário:

1. **Plano geral (PG)**: é um plano de corte que apresenta os personagens em sua totalidade, possibilitando ao espectador observar detalhes do vestiário, da fisionomia e da expressão facial. É mais próximo, porém amplo. É comum que se apliquem planos gerais no meio de uma sequência a fim de permitir a visualização ampla de vários ângulos do ambiente, trazendo novas informações sobre o contexto da narração.

2. **Plano americano (PA)**: diferentemente do plano geral, o americano mostra um ângulo de corte um pouco acima ou abaixo dos joelhos do personagem. Entendido como uma versão de plano geral popularizada em Hollywood, esse plano é amplamente utilizado para realçar a expressividade corporal dos personagens, pois se elimina a visão dos pés e de parte das

pernas, dando mais espaço para o destaque de movimentos mais expressivos do tronco e dos braços.

3. **Plano médio (PM)**: esse plano é formado por um ângulo de corte na altura da cintura dos personagens; assim, a informação do cenário nesse caso é pouco visível se comparado aos demais planos. Contudo, salienta o rosto e a expressividade dos personagens. Tende a ser o plano mais empregado, de maior presença na tela, já que funciona como um plano de passagem entre o plano geral e o primeiro plano, evitando mudanças bruscas ao longo da sequência.

4. **Primeiro plano (PP)**: o ângulo de corte é na altura do pescoço e do rosto do personagem, que acaba por ocupar quase todo o campo de visão no formato 4:3. O rosto do personagem é o único recurso dramático, e o recurso de *zoom in* pode criar uma atmosfera ainda mais interessante.

5. **Plano pormenor ou** *close-up*: é um plano no qual é explorado um detalhe de um objeto ou personagem. Pode ser utilizado para realçar uma ação breve do personagem, retratar uma anotação em um bilhete ou dramatizar uma ação de combate mostrando uma visão aproximada das armas, por exemplo.

Geralmente, o planejamento de uma sequência considera uma passagem de planos suave, sem mudanças bruscas que possam desviar a atenção do espectador. Dessa forma, entende-se que, para passar de um plano geral para um plano pormenor, é necessário antes passar por um plano intermediário, como o plano médio.

O animador deve considerar o propósito da cena para a harmonização da sequência, de modo que o uso de diferentes planos faça sentido e consiga favorecer a compreensão da narrativa pelo público.

6.4.1 Regra dos terços

A regra dos terços é considerada clássica para a divisão do enquadramento de câmera, seja na fotografia, seja no cinema, seja na animação. Ela consiste em dividir o quadro em três partes iguais, tanto horizontal quanto verticalmente (Guia..., 2016). Por meio dessa divisão, a cena é enquadrada considerando-se o devido equilíbrio espacial.

Segundo essa regra, os principais pontos da cena devem ficar em uma das quatro convergências ou pontos de interseção, como mostra a figura a seguir.

Figura 6.11 – **Posicionamento de elementos de cena conforme a regra dos terços**

ActiveLines/Shutterstock

Entende-se que posicionar os elementos considerando-se tais convergências garante maior equilíbrio de cena, tornando o visual mais interessante. Dessa forma, ainda que haja dois pontos de interesse na mesma cena, o devido destaque é aplicado mantendo-se a harmonia.

No caso de cenas ao ar livre, com grande exposição do horizonte, por exemplo, pode ser mais indicado trabalhar apenas com a divisão dos terços em vez de levar em conta os pontos de interseção. Nesse sentido, quando se deseja destacar o céu, a linha do horizonte deve ficar abaixo da linha inferior da grade, como mostra a figura a seguir.

Figura 6.12 – **Posicionamento da linha do horizonte com destaque para o céu**

Já quando se deseja destacar o mar ou uma paisagem urbana, deve-se posicionar a linha do horizonte no terço superior.

Figura 6.13 – **Posicionamento da linha do horizonte com destaque para o mar**

Em alguns casos, a centralização do cenário é de grande importância para destacar o foco em um personagem, por exemplo. Desse modo, deve-se utilizar a regra dos terços considerando um quinto ponto central.

Figura 6.14 – **Centralização do cenário com o foco no personagem em ação**

6.5 Captação de imagem na atualidade

A captação de imagens desenhadas à mão livre pode ser realizada por meio de *scanners*, mesas digitalizadoras ou *tablets*. Os *scanners* permitem a transferência do desenho feito no papel para o ambiente digital, sendo posteriormente redesenhado e tratado digitalmente para garantir uma resolução melhor (Brandão, 2013).

Já as mesas digitalizadoras e os *tablets* possibilitam ao artista que desenhe diretamente em ambiente digital, gerando, de forma automática, imagens que podem ser facilmente editadas e ampliadas conforme a necessidade. O uso desses aparatos torna o processo produtivo mais rápido.

A mesa digitalizadora utilizada nos grandes estúdios de animação é a **Wacom Cintiq**, que permite desenhar diretamente na tela. Porém, outros modelos são comumente utilizados, como os que se assemelham a *mousepads* conectados a computadores, caso em que os artistas desenham e verificam o resultado em tela. Com o advento dos dispositivos móveis, aplicativos para *tablets* para desenho e animação digital foram ganhando popularidade, entre os quais se destaca o **Animation Creator Express**.

6.6 Composição digital

A expressão *composição digital* é associada ao processo de combinar sequências de imagens estáticas ou em movimento em um único *software* específico, como o After Effects. O termo foi definido formalmente por um grupo de cientistas de computação gráfica do estúdio Lucasfilm, que criaram uma analogia entre a composição e a programação de computador. Desse modo, propuseram a separação da imagem em elementos para que fossem tratados separadamente, a fim de agilizar o processo.

Na composição, realiza-se a montagem de todos os elementos da cena. Dessa maneira, refina-se a movimentação desses elementos considerando a ilusão de paralaxe, a profundidade e a perspectiva criada por meio do movimento das camadas da animação, que são configuradas com velocidades diferentes. Nessa etapa, as cores também são ajustadas e os efeitos especiais são melhorados, de modo a unificar o visual de toda a animação.

A sensação de paralaxe consiste na impressão de deslocamento de um objeto em virtude da simples mudança no ângulo de visão do observador (Significados, 2013). Na animação, essa impressão é criada utilizando-se a pintura do cenário. As camadas do cenário são planejadas de forma que os pedaços se movimentem em velocidades diferentes na montagem da animação.

Ainda que em cada fase do projeto haja uma verificação a fim de detectar problemas de continuidade e falhas, é feita uma checagem final antes de a composição ser renderizada. Segundo Moreira (2013), a renderização é o ato de compilar e obter o resultado de um processamento digital.

Como os *softwares* de edição permitem a fácil substituição de arquivos na composição, é possível verificar a consistência da obra a tempo de fazer pequenos ajustes finos.

6.7 Efeitos visuais e especiais

Na animação, os efeitos são elementos essenciais que dão mais vida e realismo à obra. Aumentam a sensação de tridimensionalidade e proporcionam a inserção de fenômenos naturais, como nuvens, chuvas, raios, tempestades e raios solares. Gilland (2009) se refere aos efeitos como a representação das forças naturais do mundo real por meio de ilustrações com o objetivo de atribuir senso de realidade à ficção.

Os efeitos acrescentam valor aos detalhes do conteúdo na medida em que, na maioria das vezes, não são o foco de atenção nas cenas. Com frequência, o elemento adicionado não altera o sentido da narrativa, mas o torna marcante pelo fato de contribuir para a coerência visual do universo proposto.

É comum que se fale em *efeitos visuais* e *efeitos especiais* como se fossem expressões sinônimas, principalmente no campo da animação. Porém, vale ressaltar a diferença entre os dois termos.

Os **efeitos especiais** consistem em técnicas utilizadas para realizar cenas e ações que não podem ser produzidas por meios comuns. Esses efeitos podem ser ópticos ou mecânicos. O primeiro tipo é obtido mediante a manipulação das lentes da câmera e da iluminação ao longo da captação das imagens. Já o segundo utiliza elementos artificiais no cenário, como efeitos de fogo, chuva e explosões.

Os **efeitos visuais**, por sua vez, são formados por um conjunto de processos obtidos por manipulação digital. Dessa forma, consegue-se integrar sutilmente efeitos nas cenas após sua gravação.

Entende-se que os efeitos visuais são importantes instrumentos na complementação da atmosfera da narrativa. A aplicação de sombras, névoa, raios de sol ou chuva podem criar um grande diferencial na dramatização ou no efeito cômico de uma animação.

Thomas Walsh, que trabalhou com efeitos especiais nos Estúdios Disney, comenta a questão interativa da animação, proporcionada principalmente pelos efeitos especiais. Ele conta que, muitas vezes, o espetáculo acontece na transmissão da narrativa pelo ambiente do cenário e nem tanto pelos personagens (Walsh citado por Wells, 2006). Assim, os efeitos especiais, diante de uma oscilação entre abstração e representação, propiciam a unificação entre o personagem e o ambiente.

Além de criarem um grande espetáculo, os efeitos têm determinadas funções na animação clássica. Walsh aponta que podem auxiliar na criação de uma tensão dramática em uma cena, transmitir o humor dos personagens por meio de determinada iluminação ou representar detalhes de condições climáticas. Um bom exemplo de uma aplicação eficaz é o uso de um evento climático como a queda de raios que antecipam a chuva como uma forma de criar uma tensão dramática em uma sequência.

Além disso, camadas de efeitos podem ajudar a preencher lacunas entre as camadas de personagem e o fundo do cenário, homogeneizando o ambiente e tornando o resultado mais harmonioso.

Um bom efeito dá sustentação para a ação do personagem, colaborando para que este atinja seu propósito na narrativa. Desse modo, um bom uso de efeitos especiais não está associado diretamente ao seu uso intensivo, e sim ao seu uso em detalhes sutis que complementam a cena e eventualmente passam despercebidos (Walsh citado por Wells, 2006).

Efeitos de substâncias fluidas, como a água, por exemplo, costumam se mover considerando-se o fluxo rítmico da trilha sonora, transmitindo, muitas vezes, o sentido que a música tem no âmbito da narrativa, seja um clima de tensão, seja um clima de calmaria.

Por fim, cabe destacar a importância de o profissional de efeitos realizar um estudo com base na observação dos fenômenos físicos. Essa imersão no mundo natural auxilia na criação de um senso estético e de tempo para a promoção de produções mais realistas.

6.8 Edição

Na animação, diferente dos filmes *live action*, grande parte da montagem é realizada durante as etapas de pré-produção e produção, por meio dos processos de *storyboard* e *animatic*. Logo, ainda que a produção se torne enxuta conforme as constantes pré-visualizações são conferidas e aperfeiçoadas, engana-se quem imagina que todo esse planejamento faça da edição final uma tarefa simples.

Segundo Whitaker e Halas (2013), a animação requer um complexo trabalho de edição tanto quanto os filmes *live action*. Isso se dá pelo fato de os editores terem acesso a recursos digitais que podem aprimorar a obra final. Assim, se identificados pequenos erros, os editores têm o poder de corrigi-los digitalmente. Ademais, o editor tem o olhar crítico que determina o ritmo geral dos cortes e o tempo do filme.

Ao se editar uma obra, é preciso ter em mente todas as informações de seu *briefing*, a fim de entender o propósito da linguagem e o público-alvo. Uma animação infantil requer um ritmo totalmente diferente de uma animação satírica, por exemplo.

Whitaker e Halas (2013) afirmam que os filmes de animação para cinema são uma aposta de alto risco e que com o tempo o gosto das pessoas muda. Os autores recomendam, portanto, que os animadores estejam sempre abertos à experimentação de novas ideias, seja de corte, seja de movimento de câmeras, seja montagens. Dessa forma, a produção surpreende o público e propõe novos conceitos cinematográficos.

Já quanto às séries animadas, que são produzidas em massa, Whitaker e Halas (2013) observam que os personagens devem se desenvolver ao longo dos episódios. Nesse caso, como forma de economizar custos, é possível enfatizar os diálogos e eliminar as ações, apenas sugerindo seus acontecimentos com base na antecipação. Os autores destacam as animações japonesas como exemplo de ênfase em projetos de *layout* e estabelecimento de planos com movimentos simples dos personagens. Elementos como as expressões faciais se tornam padronizadas; logo, há uma economia grande sem prejuízo da qualidade.

As séries animadas infantis, como já mencionado, demandam um cuidado especial na edição. Cada vez mais crianças ainda mais jovens vem se habituando a assistir à televisão. Desse modo, Whitaker e Halas (2013) explicam que há um conjunto de regras particular para esse tipo de obra. Os cortes de cena não podem ser rápidos e deve haver pouco diálogo sobreposto. As ações devem ser simples e sem muitos cortes. O uso de pausas recorrentes ajuda a mente das crianças a assimilar as ideias passadas e a voltar a atenção aos diálogos. As cores, assim como os diálogos, devem ser amigáveis, com poucas sombras ou efeitos.

As animações para internet, por sua vez, requerem que o animador e o editor sejam astutos com os seus recursos. Whitaker e Halas (2013) apontam que não se deve perder tempo com configurações elaboradas. Como a animação tende a ser vista em diversos locais, com diferentes formas de acesso à internet, o público pode estar assistindo em um local aberto e barulhento ou ter pouca atenção.

Dessa forma, entende-se que menos é mais, e animações curtas e viscerais com design e encenação simples são o ideal para atingir o propósito almejado por meio do fácil acesso *online*. Um dispositivo móvel como um celular ou um computador portátil permite que mais pessoas tenham acesso à internet, porém nem sempre as pessoas terão uma qualidade de rede alta para acessar de maneira contínua uma superprodução audiovisual.

Simon (2013) destaca que, ao contrário das produções *live action*, em que o editor tem uma variedade de filmagens para escolher durante a edição a fim de gerar a sequência da melhor maneira possível, na animação geralmente há pouco material extra disponível para a edição. Isso se deve ao fato de que a produção de animação é cuidadosamente planejada para não se perder tempo desenhando o que não será exposto em tela, em razão do alto custo de produção.

O autor esclarece que, por esse motivo, o comprimento de um quadro único pode fazer grande diferença. Assim, é possível trabalhar o mesmo quadro sob diferentes enquadramentos para se obter mais sentido ou drama na cena.

Após a edição e a aprovação do material exportado, a etapa de finalização na pós-produção consiste em verificar parâmetros e configurações a serem ajustados para a publicação da animação em diferentes mídias finais.

6.9 *Softwares* de animação 2D

Com o advento da era digital, as ferramentas tecnológicas permitem aos animadores e aos editores que tenham acesso a muitas possibilidades de atuação. Já é possível produzir filmes inteiros de animação utilizando-se apenas recursos digitais. Dessa maneira, pode-se desenhar, colorir, editar e sonorizar os filmes no computador com o uso de *softwares* especializados de animação, ilustração e edição.

Na atualidade, há uma grande variedade de *softwares* para os mais diversos propósitos que suprem as necessidades de cada tarefa artística. É bem comum que, em um projeto de animação, a equipe empregue diferentes recursos tecnológicos para atingir o resultado almejado, como programas específicos para desenho e edição de imagens, próprios para animação 2D, visualização e edição de áudio e vídeo.

6.9.1 *Softwares* de edição de imagens

Entre os programas de edição de imagens, o **Adobe Photoshop** se destaca em razão de seus recursos avançados e da grande biblioteca de ferramentas acessível, como pincéis, formas, modelos e *plugins*, que muitas vezes podem ser obtidos gratuitamente *online*.

Animações quadro a quadro, por exemplo, tendem a ser feitas por meio desse tipo de programa. O Photoshop permite a criação de uma cena com a devida separação de seus elementos por camadas. Por meio do recurso de animação "linha do tempo", as camadas do desenho podem ser manipuladas para que sejam visualizadas ou não em determinados quadros.

Além disso, a ordem e a duração de cada quadro podem ser definidas, e a animação gerada pode ser pré-visualizada no próprio programa. A exportação do projeto ocorre em formato de vídeo, porém alguns animadores preferem usar apenas os recursos gráficos do programa e chegam a exportar cada quadro em arquivo de imagem para animá-los de forma mais dinâmica em outros programas específicos de edição de vídeo. Outro programa que se sobressai é o **Adobe Illustrator**, próprio para desenho vetorial. Ainda que seus recursos garantam alta definição das imagens, o programa tende a não ser amplamente utilizado em virtude da falta de recursos destinados à prática de animação. Assim, é empregado principalmente para a elaboração de ilustrações que podem vir a ser animadas em outros programas.

6.9.2 *Softwares* de animação

Quanto aos programas específicos de animação 2D, atualmente se destacam o TVPaint, o Toon Boom Harmony e o Pencil. Esses programas profissionais são vendidos pelos respectivos fabricantes e requerem maior conhecimento prévio para realizar animações. Seus recursos englobam ferramentas de animação, edição e efeitos especiais, o que torna o fluxo de trabalho mais prático durante o desenvolvimento do projeto.

O **TVPaint** é um *software* francês que merece destaque por proporcionar uma experiência de animação semelhante à animação feita no papel. O *software* já tem mais de 25 anos no mercado de animações e vem sendo reconhecido como um dos melhores. Com base em *bitmap*, é possível criar renderizações naturais de diversos tipos de acabamento, como aquarela, giz de cera, guache e o tradicional quadro a quadro. Por meio dele, o animador pode misturar conceitos de animação em papel com a animação digital, criando o próprio estilo gráfico.

Entre suas ferramentas, o animador conta com um painel de gerenciamento de camadas, mesa de luz, espaço de trabalho rotativo e uma biblioteca de imagens que pode servir como um depósito de referências. Além disso, disponibiliza folhas de modelo já com guias de pontos de fuga para animação em perspectiva, além de muitos recursos que auxiliam na produção de vários tipos de animação. O TVPaint se apresenta como uma ferramenta completa para animação 2D, criação de *storyboard* animado, desenho e ilustração, pós-produção e até mesmo para trabalhos em *stop-motion*. Está disponível para os sistemas operacionais Windows, macOS e Linux (TVPaint, 2020).

O **Toon Boom Harmony**, por sua vez, é um programa amplamente utilizado na indústria da animação que se destaca por ser bastante intuitivo, com recursos que otimizam a produção da animação em todas as etapas do projeto.

A empresa Toon Boom oferece uma linha de *softwares* dedicados para cada fase de produção do desenho, a saber: Toon Boom Harmony, Toon Boom Storyboard e Toon Boom Producer (Toon Boom, 2020). Entende-se que esses *softwares* foram desenvolvidos para que os animadores sejam estimulados a pensar na animação tradicional no computador na medida em que suas interfaces simulam o ambiente tradicional de trabalho. A mesa de luz digital é simulada, bem como os recursos de animação. Ademais, o desenho quadro a quadro à mão livre é permitido. Os *softwares* da empresa estão disponíveis para os sistemas operacionais Windows e macOS.

O **Pencil** é um *software open source*, ou seja, de código livre e *download* gratuito; é mais simples e apresenta uma interface limpa e um ambiente próximo do que o animador tradicional está acostumado. Possibilita criar animações desenhadas à mão com o uso tanto de *bitmap* quanto de gráficos vetoriais. Talvez seja uma boa opção para um animador que deseja iniciar sua jornada em ferramentas digitais. Tem versão para sistemas operacionais macOS X, Windows e Linux (Pencil2D Animation, 2020).

Há cerca de dez anos, o **Adobe Flash** era amplamente utilizado no ensino de animações 2D, principalmente na criação de animações que se destinavam à disponibilização *online*. Com o decorrer dos anos, a internet passou por uma grande transformação e alguns recursos comuns no início dos anos 2000 tornaram-se obsoletos. Assim, muitos navegadores deixaram de empregar o *plugin* Flash Player, o que ocasionou a extinção do programa. Em seu lugar, a Adobe lançou o **Adobe Animate**, que visa criar conteúdos multimídia para diversos dispositivos e sistemas operacionais, como Android, iOS, Windows e macOS (Adobe, 2022). Dessa maneira, diferencia-se do antigo Flash por permitir o desenvolvimento mais fácil de aplicações *web*, jogos, animações e até aplicativos para dispositivos móveis.

6.9.3 *Softwares* de visualização

Dependendo do nível de complexidade, pode ser que os *softwares* de edição não consigam gerar uma pré-visualização razoável para o acompanhamento dos resultados do projeto. Desse modo, sugere-se o uso de programas próprios para visualização de vídeo, como o QuickTime e o Keyframe MP. É necessário exportar o projeto em vídeo para melhor visualizá-lo nesses programas.

O **QuickTime** é um programa acessível que permite o fácil acompanhamento quadro a quadro, valendo-se de botões simples que possibilitam adiantar um quadro à frente ou voltar um quadro. O **Keyframe MP** tem recursos mais avançados, como visualização em *slow motion* e exibição do número dos quadros. Sendo mais profissional para o fluxo de trabalho de edição de vídeo, o Keyframe MP tem uma versão gratuita e uma versão paga que dispõe de ainda mais recursos.

6.9.4 *Softwares* **de edição**

Entre os programas de edição audiovisual, destaca-se o **After Effects**, que permite a criação de efeitos visuais e edições básicas de vídeo. Muitas vezes, é utilizado por animadores para a criação de composições antes de o projeto seguir para a edição final, pelo fato de conter muitos recursos que atendem a diversas necessidades básicas.

A grande vantagem na utilização do After Effects, assim como no caso do Adobe Photoshop, é sua grande biblioteca, que tem centenas de efeitos e animações prontas, as quais podem ser combinadas, facilitando a fluxo de trabalho. Ainda que não se pretenda usar modelos prontos, estes podem ser de grande serventia para a geração de *animatics* e pré-visualizações, por exemplo.

Entende-se que o animador deve ter flexibilidade para poder manusear diferentes programas de animação e edição. Como cada empresa e cada projeto tendem a requerer o uso de um ou outro programa específico, ter uma noção básica de cada um é importante. Além disso, sugere-se que o animador, ainda que trabalhe com a animação 2D tradicional, amplie sua visão por meio de programas de animação 3D, como o 3ds Max e o Maya, obtendo, assim, uma visão mais apurada de 3D que pode contribuir para a criação de perspectivas em 2D.

Os *softwares* são ferramentas que vão auxiliar no desenvolvimento do projeto conforme o que foi elaborado com o conhecimento adquirido por meio de estudo, prática e observação. Um bom animador consegue se adaptar a diferentes ferramentas e alcançar excelentes resultados.

6.10 Análise crítica do projeto

A fim de ampliar a visão do animador quanto à avaliação de cada aspecto da obra ao longo de seu desenvolvimento, Wells (2016) propõe uma série de questionamentos a serem feitos pelos animadores para analisar criticamente o projeto tanto em nível prático quanto em nível artístico.

Muitas vezes, o sucesso de uma produção está no modo como a etapa de pré-produção foi desenvolvida. Dessa maneira, a preparação é de suma importância para as escolhas tanto do *design* quanto da forma como a animação será executada. Para isso, e com o objetivo de minimizar erros técnicos e conceituais, o devido cuidado e o apuramento crítico devem ser considerados na fase de pré-produção para garantir resultados bem-sucedidos. Os questionamentos propostos pelo autor a seguir servem de base para melhorar a prática de projeto de animação:

- Quais aspectos do processo (artístico ou técnico) provocaram maior satisfação? Por quê?
- Quais aspectos do processo (artístico ou técnico) geraram mais problemas ou dificuldades? Como essas questões foram resolvidas?
- Com base nas questões anteriores, quais aspectos podem ser considerados os principais pontos fortes e fracos na gestão e na execução do projeto?
- Considerando-se os pontos fortes e fracos identificados, quais são as principais habilidades que foram adquiridas durante a execução do projeto? E quais são os principais aprendizados?
- No geral, quais foram os pontos fortes e fracos do resultado do projeto, ou seja, da animação em si? Quais aspectos foram os mais bem-sucedidos? Por quê? Caso pudesse realizar alguma modificação, o que deveria ser alterado? Por quê?
- Com base na avaliação do projeto, que conclusões e recomendações podem ser pertinentes para a melhoria prática em um próximo projeto?

Tais questionamentos permitem que os profissionais obtenham o máximo da experiência de criação de uma animação. Assim, o processo de produção de cada projeto cria referências novas e uma série de lições aprendidas que podem ser de grande valia para a execução de novas animações.

Por fim, cabe ressaltar que o processo de animação 2D requer conhecimento técnico de princípios e recursos de animação, bem como conhecimento conceitual, referente aos propósitos da narrativa, e projetual, quanto aos processos do fluxo de trabalho.

Para isso, o profissional deve se ater a duas grandes ferramentas naturais do ser humano: a observação e a prática. A observação de referências do mundo real, da natureza e de outros projetos de animação bem-sucedidos, bem como da própria prática, e a aplicação de diferentes recursos técnicos e intelectuais possibilitam ao profissional uma análise crítica de seus projetos e a identificação de pontos de melhoria.

CONSIDERAÇÕES FINAIS

O conteúdo reunido neste livro possibilita a compreensão dos processos que envolvem a produção de animação 2D industrial, considerando-se a pré-produção, a produção e a pós-produção. Também apresentamos o panorama histórico sobre o desenvolvimento da indústria de animação 2D, pois esse conhecimento amplia a visão do profissional quanto aos diferentes fluxos de trabalho que podem ocorrer simultaneamente na produção audiovisual. Não se trata do trabalho técnico de um único animador, mas do papel colaborativo que cada profissional exerce em uma equipe.

A compreensão da essência da obra é de extrema importância para que o animador possa converter conceitos, mensagens e emoções em movimento. Para isso, a observação da natureza e da vida cotidiana se faz necessária para a produção de movimentos realistas que criem conexão entre a obra e o espectador.

De modo geral, o percurso do profissional que visa trabalhar com animação 2D pode ser formado por experiências diversas no que tange à cadeia produtiva. No entanto, ainda que grande parte do cenário nacional seja constituído por estúdios de pequeno e médio porte, a visão geral do processo industrial permite que o animador compreenda o seu papel e o de sua equipe, o que pode colaborar mais efetivamente para os diferentes projetos de que participará.

Embora se considere o domínio de diferentes recursos tecnológicos um ponto a favor no caminho profissional do animador, é fundamental atentar para a necessidade do desenho manual. A prática de técnicas de desenho e até mesmo rascunhos recorrentes em um *sketchbook* possibilitam que o animador se mantenha constantemente em construção como profissional. Assim, novos estilos são criados e melhorias são promovidas a partir da autocrítica. Dada a importância do tema e com base no aprendizado proposto por este livro, recomendamos o estudo continuado dos assuntos aqui examinados, de modo a desenvolver competências e habilidades que atendam a diferentes necessidades de projeto.

Esperamos que o conteúdo sobre animação 2D aqui contemplado contribua para a sua jornada profissional, independentemente do segmento de atuação. Sob uma ótica mais prática, vislumbramos que você poderá aplicar métodos e modelos nos processos de planejamento e desenho. Sob uma ótica mais subjetiva, entendemos que a compreensão de todas as etapas de produção possibilitará a agregação de valor técnico e conceitual às suas criações.

Sugerimos que, com base no conhecimento adquirido, você forme uma perspectiva acerca da contribuição da animação para a comunicação visual nas diferentes mídias disponíveis, seja por meio da reflexão propiciada pelo entretenimento, seja por meio de seus benefícios para o ensino, a instrução e os demais serviços sociais.

REFERÊNCIAS

ADOBE. **A nova era da animação.** Disponível em: <https://www.adobe.com/br/products/animate.html>. Acesso em: 22 jun. 2022.

AIUB, F. **Questões sobre narrativa e visualidade em animação 2D.** 75 f. Trabalho de Conclusão de Curso (Graduação em Artes Visuais) – Universidade Estadual Paulista "Júlio de Mesquita Filho", São Paulo, 2017. Disponível em: <https://repositorio.unesp.br/bitstream/handle/11449/156588/000899928.pdf?sequence=1&isAllowed=y>. Acesso em: 22 jun. 2022.

AMIDI, A. **The Art of Pixar:** the Complete Colorscripts and Select Art from 25 Years of Animation. San Francisco: Chronicle Books, 2011.

APF CANADA. **Executive Summary:** Asian Animation Industry. Vancouver, 2016. Disponível em: <https://www.asiapacific.ca/sites/default/files/filefield/animation_industry_summary_final.pdf>. Acesso em: 22 jun. 2022.

BENDAZZI, G. **Animation:** a World History. New York: CRC Press, 2016. v. 1: Foundations – The Golden Age.

BRANDÃO, J. **Caminhos para a produção de séries.** Split Studio, 2017. Disponível em: <https://www.yumpu.com/pt/document/read/59851177/split-caminhos-para-a-producao--de-series-out-2017-v4>. Acesso em: 22 jun. 2022.

BUGAY, N. **Os Gatunos.** 2004. 85f. Monografia (Graduação em Comunicação e Expressão Visual) – Departamento de Expressão Gráfica, Universidade Federal de Santa Catarina, 2004.

CARNAHAN, A. Open Studio: Storyboards. **The Walt Disney Family Museum,** 1° Nov. 2013. Disponível em: <https://

www.waltdisney.org/blog/open-studio-storyboards>. Acesso em: 22 jun. 2022.

CARTOON RESEARCH. Kem **Weber and His Disney Legacy**. 2018. Disponível em: https://cartoonresearch.com/index.php/kem-weber-and-his-disney-legacy/. Acesso em: 1º out. 2020.

CATMULL, E. **Criatividade S.A.**: superando as forças invisíveis que ficam no caminho da verdadeira inspiração. Rio de Janeiro: Rocco, 2014.

CINEPOP. Netflix adiciona "Space Jam – O jogo do século" de surpresa em seu catálogo. **Cinepop,** 6 maio 2020. Disponível em: <https://cinepop.com.br/netflix-adiciona-space-jam--o-jogo-do-seculo-de-surpresa-em-seu-catalogo-249978/>. Acesso em: 22 jun. 2022.

CRUZ, G. F. S. **Brinquedos óticos animados e o ensino de Design**. 115 f. Tese (Doutorado em Design) – Pontifícia Universidade Católica do Rio de Janeiro, Rio de Janeiro, 2017.

DISNEY FAMILY. **Walt Disney Introduces the Multiplane Camera**. 2011. Disponível em: <https://www.youtube.com/watch?v=kN-eCBAOw60>. Acesso em: 22 jun. 2022.

DOWLATABADI, Z.; WINDER, C. **Producing Animation**. 2. ed. Amsterdam: Elsevier, 2011.

FANTASIA. Direção: James Algar, Samuel Armstrong e Ford Beebe Jr. EUA: Walt Disney Home Entertainment, 1940. 125 min.

FIALHO, A. **A experimentação cinética de personagem:** os princípios da animação na indústria e seus desdobramentos como catalisadores do potencial artístico do animador. 380

f. Tese (Doutorado em Artes) – Universidade Federal de Minas Gerais, Belo Horizonte, 2013.

FREIRE, R. E. de B. **Processo de pré-produção de arte para série de animação 2D utilizando a técnica cutout**. 51 f. Trabalho de Conclusão de Curso (Bacharelado em Design de Animação) – Universidade Federal de Santa Catarina, Florianópolis, 2018.

FRASER, T.; BANKS, A. **O guia completo da cor**. São Paulo: Senac, 2007.

GALANTE, I. Rotoscopia: de Branca de Neve a Waking Life. **Jornalismo Júnior**, 1º out. 2015. Disponível em: <http://jornalismojunior.com.br/rotoscopia-de-branca-de-neve-a--waking-life/>. Acesso em: 22 jun. 2022.

GERBASE, C. **Cinema**: primeiro filme: descobrindo, fazendo, pensando. Porto Alegre: Artes e Ofícios, 2012.

GERONIMI, C. **Sleeping Beauty**. USA: Walt Disney Productions. 1961.

GILLAND, J. **Elemental Magic**: the Classical Art of Special Effects Animation. Waltham: Focal Press, 2009.

GLEBAS, F. **Directing the Story**. Oxford, UK: Elsevier, 2009.

GOLDBERG, E. **Character Animation Crash Course!** Los Angeles: Silman-James Press, 2008.

GUIA curso desenho cartoon: desenho animado cenário. São Paulo: On Line, 2016.

HELLER, E. **A psicologia das cores**: como as cores afetam a emoção e a razão. São Paulo: Gustavo Gili, 2013.

JOHNSTON, O.; THOMAS, F. **The Illusion of Life**: Disney Animation. New York: Disney Editions, 1981.

KITAGAWA, M.; WINDSOR, B. **MoCap for Artists:** Workflow and Techniques for Motion Capture. Oxford: Focal Press, 2008.

KRASNER, J. **Motion Graphic Design:** Applied History and Aesthetics. Burlington, MA: Focal Press, 2008.

LAMBERT, T. The German Designer who Elevated Early Modern Design in America. **Metropolis**, Apr. 2019. Disponível em: <https://metropolismag.com/profiles/kem-weber-west-coast-modern-design/>. Acesso em: 22 jun. 2022.

LESSA, W. D.; FREIRE, I. X. Balizamento conceitual do Motion Graphic Design. **Blucher Design Proceedings**, v. 2, n. 9, p. 3452-3463, 2016.

LEVY, D. B. **Your Career in Animation:** How to Survive and Thrive. New York: Allworth Press Book, 2006.

LUCENA JR., A. **Arte da animação:** técnica e estética através da história. 3. ed. São Paulo: Ed. Senac, 2011.

MOREIRA, V. O que é renderizar? **O Professor Web**, 2013. Disponível em: <https://oprofessorweb.wordpress.com/2013/12/10/oque-e-renderizar/>. Acesso em: 30 out. 2020.

MORGAN, D. From 75 Years ago: Watch Bugs Bunny's Debut. **CBS News,** 27 July 2015. Disponível em: <https://www.cbsnews.com/news/from-75-years-ago-watch-bugs-bunnys-debut/>. Acesso em: 22 jun. 2022.

PARR, P. **Sketching for Animation:** Developing Ideas, Characters and Layouts in Your Sketchbook. New York: Bloomsbury, 2017.

PENCIL2D ANIMATION. An Easy, Intuitive Tool to Make 2D Hand-drawn Animations. Disponível em: <https://www.pencil2d.org/>. Acesso em: 30 out. 2020.

PIKKOV, U. **Animasophy**: Theoretical Writings on the Animated Film. Tallinn: Estonian Academy of Arts, 2010.

POLSON, T. **The Noble Approach**: Maurice Noble and The Zen of Animation Design. San Francisco, CA: Chronicle Books, 2013.

SEEGMILLER, D. **Digital Character Painting Using Photoshop CS3**. Boston, MA: Charles River Media, 2008.

SIGNIFICADOS. **Significado de Paralaxe**. 2013. Disponível em: <https://www.significados.com.br/paralaxe/>. Acesso em: 22 jun. 2022.

SIMON, M. Producing Independent 2D Character Animation: Making and Selling a Toon Boom. Press Releases. **Toon Boom**, 2020. Disponível em: <https://www.toonboom.com/press-releases/>. Acesso em: 30 out. 2020.

SOLOMON, C. **The History of Animation**. New York: Wings Books, 1994.

SUPPA, R. **Thinking Animation**: Bridging the Gap between 2D and CG. Independence, KY: Cengage Learning, 2007.

TRADITIONAL ANIMATION. **Donald Duck**: Model Sheets. Disponível em: <https://www.traditionalanimation.com/donald-duck-model-sheets/>. Acesso em: 22 jun. 2022.

TSCHANG, T. F.; GOLDSTEIN, A. Production and Political Economy in the Animation Industry: Why Insourcing and Outsourcing Occur. In: DRUID SUMMER CONFERENCE

ON INDUSTRIAL DYNAMICS, INNOVATION AND DEVELOPMENT, 2004, Elsinore, Denmark.

TUDELA, N. A. F. **A cor como elemento narrativo no cinema de animação:** estudos para a sua aplicação na curta-metragem animada "Peregrinação". Dissertação (Mestrado em Animação e Ilustração) – Instituto Politécnico do Cádavo e do Ave, Escola Superior de Design, Portugal, 2020..

TVPAINT. **Journey through Creativity.** 2020. Disponível em: <https://www.tvpaint.com/v2/content/article/community/journey_through_creativity.php>. Acesso em: 30 out. 2020.

VALIAHO, P. Animation and the Powers of Plasticity. **Animation,** v. 12, n. 3, p. 259-271, 2017.

VIEIRA, O. E. **Produção independente de animação 2D:** utilizando recursos para otimização de produção. 107 f. Trabalho de Conclusão de Curso (Graduação em Design) – Universidade Federal de Santa Catarina, Florianópolis, 2018.

WELLS, P. **The Fundamentals of Animation.** Lausanne: Ava Publishing, 2006.

WELLS, P.; QUINN, J.; MILLS, L. **Desenho de animação.** Porto Alegre: Bookman, 2012.

WHITAKER, H.; HALAS, J. **Timing for Animation.** Oxford: CRC Press, 2013.

WILLIAMS, R. **Manual de animação:** manual de métodos, princípios e fórmulas para animadores clássicos, de computadores, de jogos, de stop motion e de internet. São Paulo: Ed. Senac, 2016.

WRIGHT, J. A. **Animation Writing and Development:** from Script Development to Pitch. USA: Elsevier, 2005.

SOBRE A AUTORA

Mariana Ferreira de Freitas é designer formada pelo Instituto Infnet, pós-graduada em Design de Moda pelo Senai Cetiqt e mestra em Design pela Escola Superior de Desenho Industrial (Esdi) da Universidade do Estado do Rio de Janeiro (Uerj). Já trabalhou com design digital para diversos segmentos, como produção gráfica, audiovisual, comunicação *on-line* e *off-line*. Foi editora de arte na Yo! Ideias Comunicação e, atualmente, é pesquisadora com foco em design de serviços e metodologias de projeto.

Os papéis utilizados neste livro, certificados por instituições ambientais competentes, são recicláveis, provenientes de fontes renováveis e, portanto, um meio **responsável** e natural de informação e conhecimento.

```
      FSC
    www.fsc.org
      MISTO
  Papel | Apoiando
  o manejo florestal
     responsável
   FSC® C103535
```

✻

Os livros direcionados ao campo do Design são diagramados com famílias tipográficas históricas. Neste volume foram utilizadas a **Sabon** – criada em 1967 pelo alemão Jan Tschichold sob encomenda de um grupo de impressores que queriam uma fonte padronizada para composição manual, linotipia e fotocomposição – e a **Myriad** – desenhada pelos americanos Robert Slimbach e Carol Twombly como uma fonte neutra e de uso geral para a Adobe.

Impressão: Reproset